BRASIL SOB ESCOMBROS

TINTA VERMELHA
COLEÇÃO

ORDEM E PROGRESSO
Essential

BRASIL SOB ESCOMBROS

desafios do governo Lula para reconstruir o país

Juliana Paula Magalhães e
Luiz Felipe Osório (orgs.)

Adriana M. Amado • Alvaro de Azevedo Gonzaga • Alysson Leandro Mascaro • Anderson Alves Esteves • Armando Boito Jr. • Breno Altman • Carlos Eduardo Martins • Cesar Calejon • Felipe Labruna • Flávia Braga Vieira • Francisco Carlos Teixeira da Silva • Gabriela Junqueira Calazans • Gustavo Marinho • João Quartim de Moraes • Leonardo Attuch • Luis Felipe Miguel • Luiz Gonzaga Belluzzo • Maria de Lourdes Rollemberg Mollo • Maria Lygia Quartim de Moraes • Milton Pinheiro • Rafael Valim • Regina Facchini • Ricardo Musse • Sérgio Pereira Leite • Silvio Luiz de Almeida • Sofia Manzano • Valter Pomar • William Martins

BOITEMPO

Direção-geral Ivana Jinkings
Edição Thais Rimkus
Fotos William Martins
Coordenação de produção Livia Campos
Assistência editorial Elaine Alves
Preparação Daniel Rodrigues Aurélio
Revisão Renata Miloni
Capa Victoria Lobo
Diagramação Antonio Kehl

Equipe de apoio Allanis Ferreira, Elaine Ramos, Erica Imolene, Frank de Oliveira, Frederico Indiani, Higor Alves, Isabella Meucci, Ivam Oliveira, Kim Doria, Luciana Capelli, Marcos Duarte, Marina Valeriano, Marissol Robles, Maurício Barbosa, Pedro Davoglio, Pedro Ravasio, Raí Alves, Tulio Candiotto

CIP-BRASIL. CATALOGAÇÃO NA PUBLICAÇÃO
SINDICATO NACIONAL DOS EDITORES DE LIVROS, RJ

B831

Brasil sob escombros : desafios do governo Lula para reconstruir o país / organização Juliana Paula Magalhães, Luiz Felipe Osório ; Adriana M. Armado ... [et al.]. - 1. ed. - São Paulo : Boitempo, 2023. (Tinta vermelha)

ISBN 978-65-5717-217-9

1. Brasil - Política e governo. 2. Bolsonaro, Jair, 1955-. 3. Silva, Luíz Inácio Lula da, 1945. I. Magalhães, Juliana Paula. II. Osório, Luiz Felipe. III. Armado, Adriana M. IV. Série.

23-82937 CDD: 320.981
CDU: 32(81)

Gabriela Faray Ferreira Lopes - Bibliotecária - CRB-7/6643

1ª edição: março de 2023

BOITEMPO
Jinkings Editores Associados Ltda.
Rua Pereira Leite, 373
05442-000 São Paulo SP
Tel.: (11) 3875-7250 | 3875-7285
editor@boitempoeditorial.com.br
boitempoeditorial.com.br | blogdaboitempo.com.br
facebook.com/boitempo | twitter.com/editoraboitempo
youtube.com/tvboitempo | instagram.com/boitempo

Sumário

Nota da editora

Brasil sob escombros: desafios do governo Lula para reconstruir o país é o mais novo volume da coleção Tinta Vermelha, que reúne obras de intervenção e reflexão sobre acontecimentos atuais.

O título da coleção é uma referência ao discurso de Slavoj Žižek aos manifestantes do Occupy Wall Street, na Liberty Plaza (Nova York), em 9 de outubro de 2011. O filósofo esloveno usou a metáfora da "tinta vermelha" para expressar a encruzilhada ideológica do século XXI: "Temos toda a liberdade que desejamos – a única coisa que falta é a 'tinta vermelha': nos 'sentimos livres' porque somos desprovidos da linguagem para articular nossa falta de liberdade".

A íntegra do discurso está disponível em: <http://blogdaboitempo.com.br/2011/10/11/a-tinta-vermelha-discurso-de-slavoj-zizek-aos-manifestantes-do-movimento-occupy-wall-street/>.

Se *Por que gritamos golpe?* (2016) tratou do *impeachment* da presidenta Dilma no calor do momento, *O ódio como política* (2018) foi lançado no período das eleições presidenciais e *Educação contra a bárbarie* (2019) trouxe discussões que marcaram o início do governo Bolsonaro e suas ameaças a políticas públicas nesse âmbito – para falar apenas dos últimos três volumes da coleção –, *Brasil sob escombros*, lançado no início do terceiro mandato de Lula, analisa a política e as ruínas deixadas após quatro anos de governo Bolsonaro e apresenta um prognóstico do que teremos de enfrentar a partir de agora. Comenta as invasões de 8 de janeiro de 2023 e a descoberta, ou revelação pública, da condição trágica em que foi deixado o povo ianomâmi.

Para viabilizar a publicação do livro, os autores cederam seus textos e fotos gratuitamente e contribuíram para um conjunto diverso de pontos de vista. A Boitempo agradece a todos eles e aos demais trabalhadores e colaboradores externos que tornaram esta edição possível.

Apresentação

Brasil sob escombros: desafios do governo Lula para reconstruir o país surge de uma tarefa urgente: aproximar as ideias e as práticas políticas. O momento atual impulsionou o projeto deste livro, colocando-o à frente da editora e demandando de autores, organizadores e editores esforço e dedicação incomuns para o curto tempo. Sua concretização aqui, dentro do prazo inicialmente previsto, é um feito coletivo louvável. Cabe, agora, ao público saboreá-lo e avaliá-lo.

Com este volume da coleção Tinta Vermelha, a editora Boitempo mantém a tradição de posicionar-se sobre os acontecimentos mais relevantes da política nacional e internacional e de discutir temas centrais. Depois da análise dos movimentos Occupy, da Copa do Mundo e das Olimpíadas, das Jornadas de Junho de 2013, da violência policial, do golpe de 2016, do ódio como política e da educação como barbárie, a questão agora é entender o que sobrou do Brasil após quatro anos da extrema direita no poder e quais são os desafios para a reconstrução nacional a partir da marcante eleição do terceiro governo Lula.

A obra, instada por unanimidade no conselho editorial, contou com organização feita por mim e por Juliana Paula Magalhães, também prefaciadora, e com a seguinte organização: na parte I, "Balanços do governo

Bolsonaro", com artigos de Luís Felipe Miguel, sobre a política de desinformação, ameaça e desmando; de Francisco Carlos Teixeira da Silva, sobre golpes, fascismo e genocídio; de Rafael Valim e Gustavo Marinho, sobre o papel do Judiciário; de Cesar Calejon, sobre a pandemia de covid-19 no Brasil; de Maria Lygia Quartim de Moraes, sobre os desafios do feminismo; de Regina Facchini e Gabriela Junqueira Calazans, sobre o prisma LGBTQIA+ na faceta de desumanização e disputa por direitos; de Sérgio Pereira Leite, sobre a questão agrária brasileira contemporânea; de Álvaro de Azevedo Gonzaga e Felipe Labruna, sobre as encruzilhadas dos povos originários; de Flávia Braga Vieira, sobre mineração, desastres e armadilha neoextrativista; de Sofia Manzano, sobre os grandes vencedores da economia; de Carlos Eduardo Martins, sobre os desafios da luta política no Brasil; e de Sílvio Almeida, sobre a questão racial.

Na parte II, "Balanços das eleições", apresentam-se Ricardo Musse e Anderson Alves Esteves, sobre a frente "amplíssima"; Leonardo Attuch, sobre a comunicação necessária para superar a tragédia; e Milton Pinheiro, sobre os interesses da classe trabalhadora em um governo de união nacional.

Por fim, na parte III, "A nova era Lula e os rumos do Brasil", estão presentes as contribuições de Armando Boito Junior, sobre a posição política dos capitais no governo Lula III; de Breno Altman, sobre a falência da Sexta República e a questão democrática; de João Quartim de Moraes, sobre a defesa na posição defensiva; de Maria de Lourdes Rollemberg Mollo e Adriana Amado, sobre os desafios econômicos do novo governo; de Luiz Gonzaga Belluzzo, sobre caminhos e descaminhos do crescimento; de Valter Pomar, sobre os desafios das relações internacionais no novo governo; e de Alysson Leandro Mascaro, sobre as margens de golpe e lutas no Brasil de 2023.

Nesse sentido, buscou-se reunir uma gama de autores que pudessem franquear as mais variadas perspectivas sobre distintos assuntos, todos de relevância ímpar na compreensão de nossa realidade, em textos breves, que mesclam o saber científico e a intervenção política. Cumprem, portanto, o papel de intelectuais orgânicos, debatendo a situação concreta com as concepções capazes de educar, instigar e mobilizar.

Muito se fala, hoje, da paralisia ou da incapacidade das esquerdas de avançar em questões centrais e transformadoras. No entanto, sem uma compreensão teórica consolidada, não conseguimos caminhar adiante. É fundamental resgatarmos a simbiose entre ideias e prática, teoria e militância, para acharmos saídas em meio à desarticulação das esquerdas, fenômeno que não se restringe ao Brasil, mas que aqui solapa o desenvolvimento socioeconômico.

Em suma, os leitores e as leitoras serão brindados com reflexões registradas na espiral de solavancos do tempo presente. Em um momento tão decisivo e definidor, é fundamental compreender as linhas e as entrelinhas para que tomemos partido.

Boa leitura!

Luiz Felipe Osório
Seropédica, 8 de fevereiro de 2023

Prefácio

Este livro é fruto de um trabalho coletivo diante dos desafios e embates de nosso tempo. A eleição de Jair Messias Bolsonaro à Presidência da República, em 2018, foi uma nefasta decorrência do golpe de 2016 e resultou num dos mais sombrios períodos da história brasileira. Foram quatro anos capitaneados por uma plataforma reacionária e neoliberal que gerou intenso sofrimento para enorme parcela da população, sob o beneplácito do grande capital. A pandemia de covid-19 agravou o quadro dantesco, no qual o presidente zombava da doença e da morte de milhares de pessoas, menosprezando qualquer recomendação científica para a prevenção da doença.

A fome e a insegurança alimentar atingiram níveis alarmantes, em um cenário de acentuada crise econômica. Educação, saúde, serviços públicos, direitos trabalhistas e previdenciários foram duramente atacados. A degradação ambiental foi absurda, com contínuos recordes de desmatamento da floresta Amazônica, enquanto o então ministro do Meio Ambiente fazia "passar a boiada" de medidas ainda mais deletérias para o país. O assassinato do indigenista Bruno Pereira e do jornalista Dom Phillips, tomados desdenhosamente pelo então presidente da República como meros aventureiros imprudentes, foi um dos episódios mais trágicos dessa dura e triste realidade.

A população indígena, vitimada pelo garimpo ilegal em suas reservas e pelo descaso do poder público, teve muitos de seus integrantes acometidos por doenças e pela impossibilidade de acesso ao mínimo existencial. Enquanto isso, Bolsonaro repetia falas racistas em face de indígenas e de negros – estes últimos assassinados e torturados nas periferias do país, constantemente atacados pelos próprios agentes estatais. Também a misoginia e a LGBTQIA+fobia eram constantes em seus pronunciamentos.

Para além disso, havia a sanha golpista. Multidões reunidas e mobilizadas, em célebres datas nacionais, clamavam por intervenção militar. O general Walter Souza Braga Netto, ex-ministro de Estado da Defesa, apresentou nota laudatória formal ao golpe de 1964, denominando-o "movimento de 31 de março de 1964" e alardeando suas pretendidas virtudes.

Bolsonaro sempre tomou para si a condição de uma espécie de herdeiro da ditadura militar, mormente, de seus porões. Isso já havia se evidenciado, por exemplo, na fala dele durante o processo de *impeachment* da presidenta Dilma Rousseff, ao invocar a execrável figura de Carlos Alberto Brilhante Ustra. E esse é um dos indicativos de que, em alguma medida, o embate entre ditadura e democracia ainda apresenta fortes ecos. Tal fantasma ditatorial, nem sequer o movimento Diretas Já e a Constituição Federal de 1988 foram capazes de sepultar. Bolsonaro e suas milícias digitais fizeram questão de reavivá-lo, inclusive.

O atrito institucional, com constantes ataques por parte de Bolsonaro ao Supremo Tribunal Federal, foi perene. No mais, os pleitos do ex-presidente por voto impresso foram reiterados e, muitas vezes, serviram de cortina de fumaça para descalabros por ele cometidos. Em paralelo, os apoios parlamentares de sua base e do chamado "centrão" garantiram a manutenção dessa figura no poder, com a conivência, inclusive, de amplos setores da burguesia.

Nesse quadro de horrores, a eleição de Luiz Inácio Lula da Silva representou uma lufada de esperança para os sofridos corações brasileiros. O retorno de um homem que já ocupara por duas vezes a Presidência e que, depois de vencer a perseguição lavajatista, sagrou-se vitorioso teve ares quase sebastianistas para a maioria do eleitorado pátrio. A subida apoteótica da rampa do Palácio do Planalto, em uma histórica cerimônia organizada por Janja Lula da Silva, na qual o presidente foi acompanhado por representantes de diversos segmentos da população, emocionou a todos. Sem falar na inusitada presença da cadela Resistência, que antes estivera presente na "Vigília Lula livre". Diante da recusa de Bolsonaro em participar do evento, a faixa presidencial foi entregue a Lula por Aline Sousa, mulher negra e catadora de recicláveis, em um dos momentos mais emblemáticos da história de nosso país.

Exatamente uma semana depois, a depredação violenta das sedes dos três poderes em Brasília por bolsonaristas golpistas representou um choque de realidade. A extrema direita não fora derrotada por completo e mostrou sua força no dia 8 de janeiro de 2023. E a democracia burguesa, confirmando a crítica marxista, mostrou-se frouxa para conter os arroubos protofascistas.

A margem de votos que deu a vitória a Lula foi apertada, e ficou mais que provado que a mobilização bolsonarista persiste, com expressividade. Foi essa mobilização, inclusive, que insuflou as teorias conspiratórias de fraude eleitoral, alimentadas por toda sorte de *fake news*, constantemente disparadas pela extrema direita.

O novo governo iniciou com medidas que demonstram profunda diferença em relação ao antecessor. A criação do Ministério dos Povos Indígenas, em pasta ocupada por Sônia Guajajara, bem como a nomeação de Anielle Franco para o Ministério da Igualdade Racial e de Silvio Luiz de Almeida para o Ministério dos Direitos Humanos e da Cidadania, revela a preocupação com a diversidade e com a inclusão. A busca em garantir o Bolsa Família para os mais necessitados, bem como a visita de Lula, ainda em janeiro, aos ianomâmi, mobilizando esforços conjuntos em auxílio a esse povo que se encontra ameaçado diante das condições degradantes que enfrenta, exemplifica o abismo entre a gestão passada e a atual. Lula é um estadista capaz de, até mesmo no plano do discurso, deixar de lado personalismos em prol de uma fala à coletividade, atenta aos problemas enfrentados pela maior parte da população.

Não obstante suas inegáveis virtudes, o terceiro governo Lula ainda se apresenta como prisioneiro da ideologia jurídica: falta-lhe uma plataforma estruturalmente crítica e transformadora. Os desafios postos são imensos não só pela herança caótica deixada pelo governo anterior, mas também por questões de governabilidade, tendo em vista o predomínio conservador no Legislativo. Além disso, a crise econômica mundial do pós-fordismo – que impacta diretamente o Brasil, país de capitalismo dependente e sujeito aos desmandos do imperialismo estadunidense – deixa a conjuntura ainda mais difícil.

Nesse contexto alarmante, surgiu este livro. Entre a barbárie do governo Bolsonaro e a esperança que representa a ascensão de Lula, também se faz necessário apontar os caminhos da crítica e da luta para o presente e os anos vindouros.

É passado o tempo de as esquerdas do mundo se limitarem às lutas no campo institucional. Marx já ensinava sobre a necessidade de ultrapassar "o estreito horizonte jurídico burguês"[1]. Ou seja, mais que uma crítica direcionada a indivíduos e agentes públicos, urge uma crítica de caráter estrutural. O neoliberalismo e o próprio capitalismo precisam ser postos em xeque.

Por sua vez, o jurista bolchevique Evguiéni Pachukanis já anunciava a imbricação da forma da subjetividade jurídica e da forma política estatal ao capitalismo[2], apontando para os limites da democracia liberal. Em *Fascismo*, por exemplo, Pachukanis tece contundentes críticas à social-democracia alemã, que terminou por abrir caminho ao fascismo diante dos freios que impôs aos movimentos revolucionários socialistas no país[3]. Aqui, mais que apontar as mazelas do governo Bolsonaro, é preciso compreender as condições que o gestaram e que, em alguma medida, ainda se fazem presentes em nossa sociedade, sendo capazes reavivar o antigo "mito" ou forjar uma nova liderança da extrema direita.

A vitória de Lula é um feito notável. Todavia, os desafios persistem e são imensos, tanto no governo quanto para além dele. A Constituição Federal do Brasil assevera que "todo o poder emana do povo"[4], mas, em uma sociedade cindida entre exploradores e explorados e presidida pela lógica do capital, esse poder tem limites estreitos, pela própria constrição da forma jurídica. Apenas uma sociedade verdadeiramente emancipada dos grilhões das formas sociais capitalistas poderá, de fato, ter o povo presidindo seu destino. Esse é o caminho para a construção do Brasil que almejamos. Enquanto houver capitalismo, haverá golpes, exploração e dominações. Daí a importância desta obra – forjada, no calor dos acontecimentos, por uma plêiade de autores e autoras – que tive a honra de organizar em parceria com Luiz Felipe Osório. Trata-se de uma arma de crítica e de luta, imprescindível para a compreensão e para a transformação de nosso tempo.

Juliana Paula Magalhães
São Paulo, 7 de fevereiro de 2023

---

[1] Karl Marx, *Crítica do Programa de Gotha* (trad. Rubens Enderle, São Paulo, Boitempo, 2012), p. 31-2.

[2] Evguiéni Pachukanis, *Teoria geral do direito e marxismo* (trad. Paula Vaz de Almeida, São Paulo, Boitempo, 2017).

[3] Idem, *Fascismo* (trad. Paula Vaz de Almeida, São Paulo, Boitempo, 2020).

[4] Ver art. 1º, parágrafo único.

1
Balanços do governo Bolsonaro

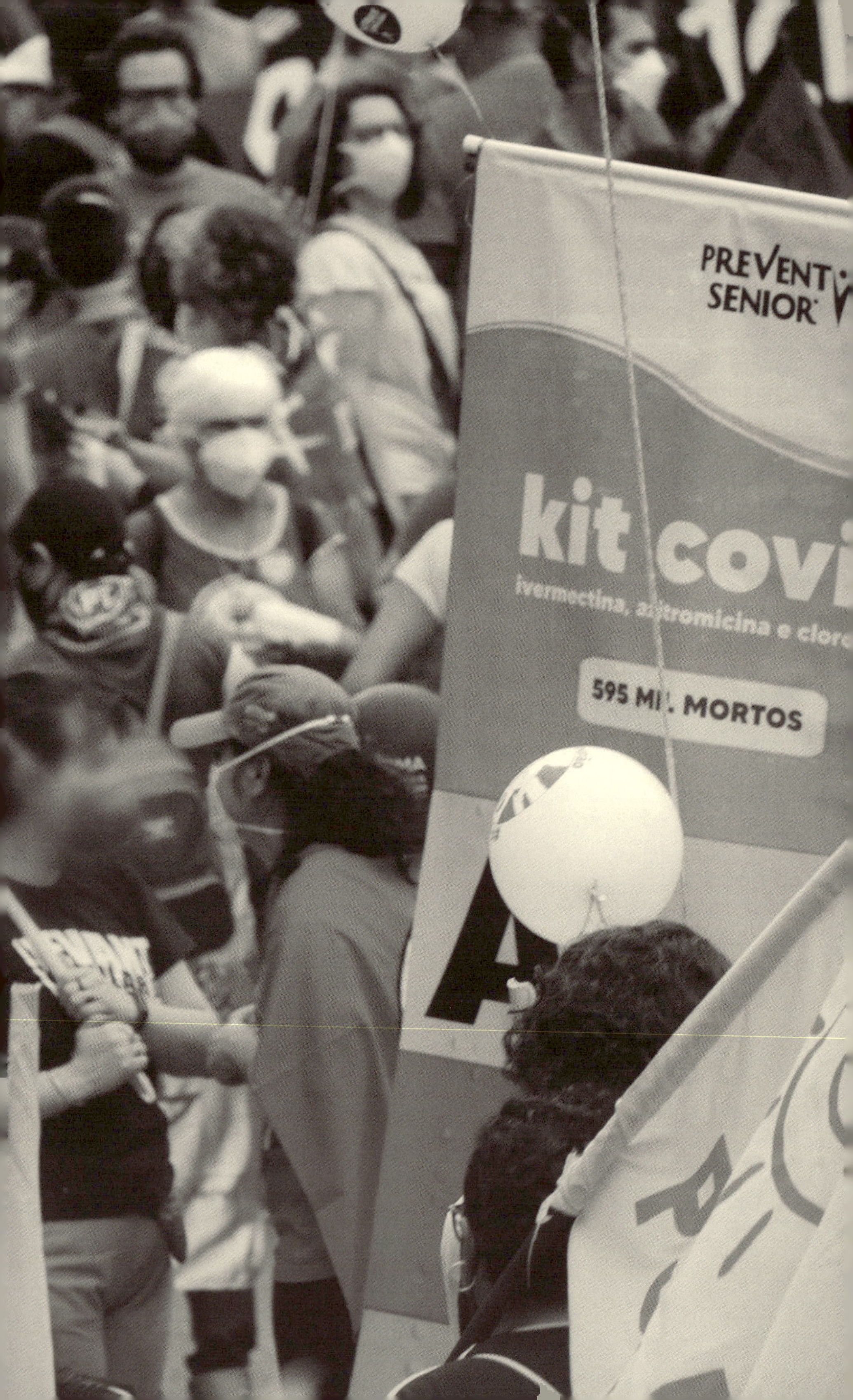
PREVENT
SENIOR
kit covi

A política no governo Bolsonaro: desinformação, ameaça e desmando

Luis Felipe Miguel

Por longo tempo, o chamado teorema do eleitor médio foi como uma "lei" da ciência política: as eleições tendiam a se organizar como uma disputa pelo centro. Afinal, partindo da direita ou da esquerda, é no centro que se encontram os "50% + 1" que garantem a maioria. E foi com isso que os partidos se tornaram cada vez mais moderados, e seus programas, mais parecidos.

A emergência mundial de uma nova extrema direita mudou essa situação. Longe de cobiçar o centro, ela faz de seu radicalismo o diferencial para o eleitorado. Com isso, captura o sentimento antissistema diante de uma esquerda que, esta sim, permanece presa no jogo da moderação. No Brasil não é diferente. Jair Bolsonaro e o movimento informal gerado em torno dele são demonstrações extremadas das características dessa nova direita: seguiram com perfeição a estratégia traçada por Steve Bannon nos Estados Unidos e as adaptaram às circunstâncias locais.

A despeito de ser um sujeito de poucas luzes, Bolsonaro mostrou notável esperteza política no movimento simultâneo de se tornar o porta-voz ecumênico do radicalismo de direita (abraçando o conservadorismo religioso e o ultraliberalismo econômico) e de encarnar a revolta contra "o sistema". Surfou no antipetismo e, quando surgiu a oportunidade, jantou a direita tradicional, que lhe dera espaço achando que poderia descartá-lo depois.

O primeiro efeito da ascensão do bolsonarismo foi a degradação do debate público. Não se trata apenas da interdição de temáticas essenciais e da promoção de outras menos relevantes, como costuma ocorrer quando o ambiente comunicacional é moldado pela mídia corporativa. Trata-se da colonização da agenda por mistificações deliberadas, que desorientam os cidadãos e forçam os adversários a gastar energia em desmentidos sucessivos. A operação Lava Jato, voltada à perseguição de Lula e do PT na forma de uma parceria entre juízes, promotores e órgãos de imprensa, pode ser vista como uma antecipação da estratégia bolsonarista.

O estranho ambiente cognitivo do mundo atual, que alguns chamam de "pós-verdade", contribui para o sucesso do investimento na difusão de mentiras. A formação de câmaras de eco nas redes sociais, que são imunes a qualquer discurso contraditório, permite que noções absurdas e teorias da conspiração rocambolescas floresçam. Os anos Bolsonaro foram, assim, tempos de debate político aviltado e avanço zero na discussão dos problemas nacionais.

O principal esforço da oposição foi para tentar preservar valores básicos – a democracia, o respeito à diversidade, a busca da superação da violência política – que se acreditava serem consensuais desde a redemocratização, mas que o bolsonarismo mostrou serem rechaçados por grande parte da população. Essa característica da polarização política brasileira não é simplesmente o cruzamento de recusas viscerais (antipetismo *versus* antibolsonarismo), mas uma oposição entre horizontes ético-políticos inconciliáveis.

Há vários motivos pelos quais essa polarização pode ser definida como "assimétrica". A mais evidente é que se confrontavam uma direita muito radical, inflexível na defesa de seu programa de retrocessos, e uma esquerda moderada, treinada na conciliação e na acomodação de conflitos. Além disso, a extrema direita largou em ampla vantagem no que se refere à adaptação ao novo ambiente comunicacional e à utilização das novas tecnologias da informação, mantendo os outros setores políticos numa prolongada defensiva.

Radicalizada, a base bolsonarista respondia aos acenos de um fechamento institucional autoritário, presente na retórica do presidente, sobretudo por meio das denúncias em relação à "ditadura" do Supremo Tribunal Federal (STF), que impedia que ele, detentor de um mandato popular soberano, governasse como bem entendia. A tensão permanente entre os poderes, com incerteza quanto às regras em vigor, foi o sintoma mais evidente do processo de *desconstitucionalização* da vida nacional que marcou o período de Bolsonaro no poder.

Convém lembrar que o esvaziamento da Constituição não começou aí. O ponto de partida foi o golpe de 2016, quando grupos inconformados com a reeleição de Dilma Rousseff decidiram patrocinar uma "virada de mesa", derrubando-a num processo de *impeachment* que, da legalidade, preservou apenas a fachada. Foi violado, então, o elemento basilar da democracia eleitoral, aquele que determina que os mais votados sejam empossados e governem. Mas não foi só isso. A Lava Jato, então com a complacência das cortes superiores, fez do Judiciário um instrumento de perseguição política, deixando evidente uma aplicação tendenciosa da lei. Em 2018, o "*impeachment* preventivo" de Lula, impedindo-o de concorrer às eleições, com a nada discreta participação da cúpula militar, carimbou de vez a situação do país como estado de exceção.

Ou seja, a desorganização institucional ficou patente desde o golpe. Um episódio é ilustrativo: em dezembro de 2016, o ministro Marco Aurélio Mello, do STF, determinou o afastamento de Renan Calheiros da presidência do Senado. Calheiros se recusou a cumprir a determinação, foi apoiado pela mesa do Senado, e o pleno do Supremo acabou por aceitar a situação, revogando a decisão de Mello. Em suma, a relação entre os poderes tomava a forma de queda de braço, em que ganhava quem pudesse mais. A presidência de Bolsonaro, com ameaças, bravatas e abusos, seguidos por "advertências" e jantares voltados à "harmonização" entre os poderes, tudo definido de acordo com recursos e blefes lançados à mesa, escancarou uma situação na qual as regras constitucionais não vigoravam mais.

A campanha eleitoral de 2022, em que Bolsonaro tentou a reeleição, revelou, com clareza ímpar, a dimensão do impasse em que o Brasil foi colocado. Em relação a muitos dos abusos de Bolsonaro, a começar pelo uso da máquina pública em favor de sua candidatura, pelo pouco velado incentivo à violência política e pela reiteração de ameaças golpistas, as instituições optaram pela leniência e pouco, ou nada, fizeram para coibi-los. Coube ao ministro Alexandre de Moraes tomar para si a tarefa de enfrentar a desinformação, peça central da estratégia da reeleição, por meio de atitudes voluntaristas que, embora justificadas pelas urgências do momento, não fornecem as bases para um ordenamento jurídico estável.

A questão candente da liberdade de expressão serve de exemplo. Sim, os brados de "censura" da extrema direita são hipócritas, já que ela apostava na difusão deliberada de mentiras com o objetivo de desvirtuar a escolha popular.

Uma ação rápida e enérgica era necessária para evitar danos irremediáveis ao processo eleitoral. Mas ainda falta definir o arcabouço legal que permita estabelecer a sanidade do debate público, sem comprometer a liberdade dos agentes e sem depender do arbítrio de algum xerife do momento.

Após a derrota nas eleições de 2022, o bolsonarismo, inconformado, tomou o rumo de um prolongado movimento de agitação e violência em vários pontos do país, contando com a complacência das forças de segurança. A dificuldade em reprimir protestos ilegais, amplamente financiados com dinheiro empresarial e que, com frequência, incluíam depredação do patrimônio público e privado ou ameaças à vida e à integridade física de pessoas, é mais uma evidência de como o governo Bolsonaro deixa o país numa situação de incerteza quanto à vigência das regras.

Ao novo governo, o ex-presidente lega a tarefa de comandar um processo de reconstitucionalização que volte a traçar as fronteiras entre os poderes e a definir as atribuições de cada um, tanto permitindo que se dê previsibilidade à disputa política e à vida social quanto restabelecendo o equilíbrio do sistema de freios mútuos, que, no arranjo liberal, é a garantia da não tirania.

Mas é preciso levar em conta o fato de que as instituições são "povoadas", isto é, não operam de forma automática, e sim por meio dos agentes que nelas ocupam os cargos. Isso significa que seu funcionamento depende também do material humano que as compõe. No caso do Brasil, é forçoso reconhecer que a qualidade desse material é baixa. Uma boa parcela do Congresso é formada por pessoas não apenas pouco qualificadas intelectualmente, mas desprovidas de qualquer senso de dever público; e o mesmo se pode dizer das cortes superiores – nem é preciso citar exemplos. O vale-tudo em que a política foi transformada retirou as últimas inibições para que essas pessoas se comportassem de forma ainda mais predatória e truculenta, gerando um autêntico círculo vicioso.

Um elemento extra da confusão institucional brasileira, que no período Bolsonaro também se agravou muito, é o crescimento da presença política militar. Certa "doutrina Villas Bôas", elaborada pelo ex-comandante do Exército, determinaria que as Forças Armadas deveriam ser incorporadas como interlocutores "normais" do debate político. Mas elas evidentemente não são "normais", pelo simples fato de que estão armadas. Suas intervenções sempre têm um tom de ameaça. Caso se envolvam na política, o risco de que cerceiem ou tutelem o poder civil se faz presente.

Não importa o que digam suas doutrinas, os militares brasileiros não se consideram interlocutores políticos como os outros. Suas intervenções sempre namoram o mito do "poder moderador", a ideia fantasiosa de que cabe às Forças

Armadas a palavra final nos desentendimentos entre os poderes da República. Também gostam de se arrogar detentoras de um patriotismo especial, inacessível aos civis. No entanto, comumente agem não em defesa de qualquer ideia, mesmo equivocada, de pátria, mas para proteger vantagens mesquinhas – como os cargos civis do governo, que Bolsonaro loteou entre oficiais militares e cuja manutenção se tornou prioridade para eles. A despeito de seus grandiloquentes protestos de patriotismo, as Forças Armadas operam como uma espécie de centrão fardado, lutando por sinecuras e oportunidades de negócio.

Do apoio velado ao golpe de 2016 ao famigerado tuíte do próprio Villas Bôas ameaçando o Supremo caso concedesse *habeas corpus* a Lula, em 2018, e daí às lambanças no governo Bolsonaro, os militares brasileiros só fizeram confirmar sua inadaptação ao regime democrático, no qual seu papel político é obedecer ao poder civil e nada mais.

A oposição teve dificuldade para se ajustar ao novo cenário. O bolsonarismo bagunçou as regras do jogo de uma forma tal que mesmo o desastre mais absoluto do governo parecia insuficiente para desgastá-lo. Não só a condução da pandemia do novo coronavírus foi errática, negligente e deixou um saldo de 700 mil mortos; o presidente da República não se furtou a dar repetidas demonstrações públicas de desinteresse pela vida de seus governados e de desumanidade diante do sofrimento alheio. Ainda assim, manteve sempre razoável taxa de aprovação.

Aglutinada em torno do PT e da candidatura do ex-presidente Lula, a esquerda se viu constrangida a caminhar para a formação de uma "frente ampla", buscando a sustentação de setores da direita não bolsonarista ou rompida com o bolsonarismo. A colheita de apoios foi mais magra que o esperado. Trânsfugas do governo, como o ex-juiz Sérgio Moro, nunca se colocaram claramente no campo democrático, deixando abertas as portas para uma reconciliação com o núcleo bolsonarista – que, de fato, ocorreu. Aliados de ocasião de Bolsonaro, como muitos mandachuvas do PSDB e setores importantes do empresariado, preferiram manter posição ambígua e mesmo anunciar "neutralidade" quando se tornou indiscutível que a única alternativa era Lula.

Para os grupos dominantes brasileiros, a normalidade democrática e o restabelecimento da vigência da Constituição de 1988 não são questões prioritárias. Em outubro de 2022, Lula obteve uma vitória suada e assume a presidência num cenário político em que a extrema direita mantém muita força. Vai ter que lidar com os aliados da "frente ampla", vários deles golpistas de 2016. A pressão é para restaurar a fachada da vigência das regras democráticas, mas seguindo com políticas de desnacionalização da economia, desmonte do Estado, redução dos direitos da classe trabalhadora, concentração de renda. É o que se vê em declarações de lideranças do patronato e editoriais da imprensa.

No entanto, se Lula não for capaz de responder às premências dos mais pobres e de conceder aos trabalhadores uma voz no debate público, ele terá fracassado não apenas na tarefa de retomar a democracia e a vigência da Constituição de 1988, mas também na missão que ele mesmo sempre atribuiu a si como líder político.

Bolsonaro: três golpes de Estado e um genocídio

Francisco Carlos Teixeira da Silva

Bolsonaro nunca foi democrata, e o bolsonarismo, embora vago e difuso, caracteriza-se por uma doutrina racista, autoritária, excludente e pelo cultivo do ódio e da mentira como forma de mobilizar seus militantes. Ao longo de sua vida política – foram um total de seis mandatos no Congresso Nacional, totalizando 27 anos de presença no poder Legislativo –, o agora ex-presidente mostrou constantes sinais de truculência, ignorância dos valores éticos da democracia e perfeito desprezo pela cultura e pelas artes no Brasil. O ex-deputado, seus filhos e seus apoiadores ameaçaram fechar o Supremo Tribunal Federal (STF), produziram falsas alegações de fraude no processo eleitoral e, com o patrocínio do PL – seu atual partido –, Bolsonaro pediu a nulidade das eleições presidenciais de 2022 por suposta fraude no voto eletrônico. Testemunhos e descobertas recentes, incluindo a "minuta da comissão civil-militar" de intervenção no Tribunal Superior Eleitoral (TSE), mostram o que há muito se suspeitava: Jair Bolsonaro e seus correligionários, incluindo seu ministro da Justiça Anderson Torres, planejaram um golpe no Brasil. Torres foi preso pela Polícia Federal em 14 de janeiro de 2023 por conivência e omissão em relação aos atos golpistas de 8 de janeiro. De fato, podemos dizer, com segurança agora, que o ex-presidente tentou três vezes derrubar o Estado de direito no Brasil e implementar um simulacro do passado regime civil-militar inaugurado em 1964[1].

O primeiro ataque de Bolsonaro à ordem democrática ocorreu em 7 de setembro de 2021, quando ele reuniu multidões em Brasília, em São Paulo e no Rio de Janeiro para declarar que não aceitaria mais as decisões do STF e que "devolveria" o poder ao povo. Ele foi aplaudido pela multidão de extremistas com gritos sintomáticos de "Eu autorizo!". A segunda tentativa de promover o golpe ocorreu, sabemos agora, logo após as eleições de 30 de outubro de 2022, quando Bolsonaro e Anderson Torres – de acordo com evidências, também com a colaboração do general Braga Netto, então ministro da Defesa – propuseram, por meio de um "projeto de comissão reguladora eleitoral", uma forma de declarar estado de defesa, numa visão distorcida e inconstitucional do artigo 136 da Constituição.

Em todo esse tempo, o ex-presidente continuou afirmando que sempre agiu "dentro das quatro linhas da Constituição". No entanto, a questão que foi levantada é sua capacidade de entender o que seriam essas "quatro linhas" . Não só as noções de ordem, segurança pública e paz social foram legalmente distorcidas; houve um mal-entendido de tais imperativos que caracterizariam uma crise e que poderiam desencadear o estado de defesa. A imposição, de forma distorcida, do estado de defesa, para estabelecer um resultado falsificado das eleições que daria vitória a Bolsonaro, desencadearia um conflito político aberto. A transformação do projeto cívico-militar de intervenção no TSE – na verdade, a rota do mapa golpista – em um decreto levantaria o STF e o TSE contra o governo, que seria declarado "em sedição", segundo o Código Penal brasileiro, levando o país ao confronto e ao caos. A tragédia não se concretizou por falta de apoio por parte do alto-comando do Exército às pretensões do ex-presidente e do ministro da Justiça e, ainda, do então poderoso general Braga Netto[2].

---

1 Guilherme Mazui e Paloma Rodrigues, "Em discurso, Bolsonaro defende ditadores militares e deputado dos atos antidemocráticos", *G1*, 31 mar. 2022. Disponível em: <https://g1.globo.com/politica/noticia/2022/03/31/em-discurso-no-planalto-bolsonaro-defende-ditadores-militares-e-deputado-reu-por-atos-antidemocraticos.ghtml>; acesso em: 5 fev. 2023.

2 João Pedro Pitombo e Caique Santos, "Bolsonaro repete ameaça golpista e diz que 7 de setembro é ultimato a ministros do STF", *Folha de S.Paulo*, 3 set. 2021. Disponível em: <https://www1.folha.uol.com.br/poder/2021/09/bolsonaro-repete-ameaca-golpista-e-diz-que-7-de-setembro-sera-ultimato-a-ministros-do-stf.shtml>; acesso em: 5 fev. 2023; Valdo Cruz. "PF busca provas de que 'minuta do golpe' circulou entre autoridades do governo Bolsonaro", *G1*, 23 jan. 2023. Disponível em: <https://g1.globo.com/politica/blog/valdo-cruz/post/2023/01/23/pf-busca-provas-de-que-minuta-do-golpe-circulou-entre-autoridades-do-governo-bolsonaro.ghtml>;

Por fim, tentou-se um golpe de Estado no domingo da vergonha, em 8 de janeiro de 2023, quando, após o incentivo de Bolsonaro – que previu "algo maior que o Capitólio" – no Twitter, e com ele a deserção do secretário de Segurança do Distrito Federal e a benevolência do batalhão Duque de Caxias, que guardava o palácio presidencial, ocorreu na capital federal um espetáculo de destruição, violência e ódio. A atitude do ainda mais Duque de Caxias e suas possíveis conexões é particularmente grave, ainda mais se lembrarmos que o ministro da Defesa de Bolsonaro, com o aval do Exército, endossou as suspeitas sobre as urnas eletrônicas[3].

Assim, por três vezes em pouquíssimo tempo, o bolsonarismo buscou subverter a ordem democrática no Brasil. Por duas vezes, houve intenção direta da Presidência da República, em movimento iniciado pelo próprio presidente, em 2021, e por meio de seu ministro da Justiça, no período pós-eleitoral de 2022, coroando as 35 *lives* feitas pelo presidente exclusivamente contra urnas eletrônicas – incluindo a presença do então ministro da Justiça, quando foram alegadas provas falsas de fraude eleitoral. Por fim, com uma vasta conspiração contra a democracia, no 8 de janeiro, elementos bolsonaristas no Brasil e no exterior, mais uma vez, tentaram o golpe, rompendo a cadeia de comando legal das forças policiais e do próprio Exército[4].

Cronologia da crise democrática no Brasil

7 out. 2021: primeira tentativa de golpe

30 out. 2022: segunda tentativa de golpe, projeto de estado do golpe de Estado do governo Bolsonaro

---

acesso em: 5 fev. 2023; Taísa Medeiros e Rafaela Gonçalves, "Minuta que previa golpe: entenda o documento encontrado na casa de Torres", *Diário de Pernambuco*, 13 jan. 2023. Disponível em: <https://www.diariodepernambuco.com.br/noticia/politica/2023/01/minuta-que-previa-golpe-entenda-o-documento-encontrado-na-casa-de-tor.html>; acesso em: 5 fev. 2023; Eduardo Guimarães, "General vice de Bolsonaro conspirou para golpe", *Blog da cidadania*, 19 jan. 2023. Disponível em: <https://blogdacidadania.com.br/2023/01/general-vice-de-bolsonaro-conspirou-para-golpe>; acesso em: 5 fev. 2023.

[3] Comissão Arns, "Bolsonaro anuncia o golpe ao mundo: é hora de reagir!", *UOL*, 21 jul. 2022. Disponível em: <https://noticias.uol.com.br/colunas/comissao-arns/2022/07/21/nota-publica-xxxxxxxxxxx.htm>; acesso em: 5 fev. 2023.

[4] Amanda Ribeiro, "As 356 mentiras sobre ditadura, Judiciário e urnas que compõem quatro anos de golpismo de Bolsonaro", *Agência Aos Fatos,* 18 jan. 2023. Disponível em: <https://www.aosfatos.org/noticias/bolsonaro-mentiras-quatro-anos-de-golpismo>; acesso em: 5 fev. 2023.

12 dez. 2022: a noite do fogo em Brasília
8 jan. 2023: terceira tentativa de golpe
21 jan. 2023: exoneração do comandante do Exército
21 jan. 2023: descoberta do genocídio ianomâmi
23 jan. 2023: reunião do alto-comando do Exército para definir a demissão dos golpistas

Com a inação e benevolência dos órgãos de segurança, os extremistas alcançaram novos níveis do extremismo com a destruição dos espaços icônicos da praça dos Três Poderes, com seus uniformes amarelos, mostrando à nação como seria o Brasil de ódio e barbarismo se o fascismo avançasse no poder.

Bolsonarismo: corrente política antidemocrática, violenta e negacionista

Como Bolsonaro nunca foi um democrata, assim evidenciado por sua defesa da ditadura e da tortura num passado recente e tempestuoso do Brasil, o que emerge de uma disposição tão repetitiva da busca do golpe de Estado é esse caráter irremediavelmente antidemocrático e ditatorial. Nesse contexto, para muitos, não se deve apostar em um "gradualismo" inercial para combater os inimigos da democracia. O bolsonarismo é um movimento de massas que conseguiu reunir o contexto historicamente conservador e escravista comum de nossa história; o fundamentalismo religioso pentecostal e católico, resistentes ao *aggiornamento* da Igreja; a herança integralista e nazista dos anos 1930; e, finalmente, a forte presença do novo bonapartismo trumpista. Essas várias fontes doutrinárias do bolsofascismo permitiram o surgimento de uma visão de mundo reacionária, mas flexível o suficiente para abranger vastas camadas sociais.

O bolsonarismo tornou-se, assim, uma nova corrente política no cenário nacional, cujo programa doutrinário é baseado no racismo e na negação de movimentos que defendem os direitos de grupos marginalizados, a inclusão social e a ampliação dos direitos civis – negando até mesmo a denúncia da longa opressão de gênero, etnia e classe no país e o papel da escravidão na história do Brasil. A partir do negacionismo, conquistou vastas camadas das classes médias, atônitas e furiosas com a crise, real ou imaginária, de seu próprio *status* social.

Como seus homólogos na França, na Espanha, na Alemanha e nos Estados Unidos, tal movimento é uma realidade nova e permanente das sociedades industriais de massa modernas. No entanto, ao contrário do caso do Vox na

Espanha, do Alternative für Deustchland [Alternativa para a Alemanha] (AfD) na Alemanha ou da Frente Nacional na França, os grupos bolsonaristas de extrema direita alcançaram, no Brasil, um feito inigualável. Por um lado, conseguiram unificar os vários setores das direitas que tinham uma longa história de fragmentação; por outro, tornaram-se hegemônicos num bloco orgânico a partir de um programa "maximalista", em um sentido amplo negacionista, supremacista e excludente. Enquanto na Espanha, por exemplo, o Vox deve manter uma convivência dúbia e conflituosa com o Partido Popular (PP), e na Alemanha partidos como a CSU ou mesmo a CDU confrontam a extrema direita, no Brasil o bolsonarismo ganhou uma ampla hegemonia sobre as diferentes formas dessa corrente[5].

Após o "sistema Bolsonaro": os desafios da reconstrução ética e institucional

O bolsonarismo em si não se limita a seu partido oficial, o PL. Outros partidos, como o Novo, que elegeu o governador de Minas Gerais, são uma clara linha auxiliar, diferenciando-se apenas na disputa entre personalidades. De fato, a "função partidária" orgânica da extrema direita no Brasil hoje é compartilhada pelo próprio partido bolsonarista do ex-presidente, e também envolve as corporações militares que foram profundamente partidárias durante o período Temer-Bolsonaro, bem como parte substancial do Judiciário e da magistratura. A íntima associação da administração pública do Estado com os militares ficou explícita na cooptação de cerca de 7 mil militares para funções governamentais civis. Desde os primeiros dias do governo Bolsonaro, foram organizadas listas de militares dispostos a participar do mandato – além dos cargos comissionados, contando o tempo de serviço para promoções e passagem à reserva, com emolumentos integrais e acréscimos de gratificações. Assim, o bolsonarismo montou um sistema de poder que não só é inédito, como ainda formaram uma verdadeira "Nomemklatura" soviética. O sistema Bolsonaro, ao contrário de qualquer mérito, formação ou habilidade, dispunha dos cargos da administração pública como forma de forjar lealdades básicas. Para

---

5 "Bolsonaro elogia coronel condenado por tortura: 'Lutou por democracia'", *O Estado de Minas*, 27 fev. 2022. Disponível em: <https://www.em.com.br/app/noticia/politica/2022/03/27/interna_politica,1355776/bolsonaro-elogia-coronel-condenado-por-tortura-lutou-por-democracia.shtml>; acesso em: 5 fev. 2023; Francisco Carlos Teixeira da Silva, Karl Schurster e Dilton Maynard, *Novo dicionário crítico do pensamento das direitas* (Recife, Edupe, 2023). Ver em particular verbetes "Vox" e "Alternativ für Deutschland".

a distribuição dos diferentes cargos da administração civil, foram utilizados critérios específicos das Forças Armadas, como patente, antiguidade e data de graduação da turma em academias militares e rodízio entre as forças – Marinha, Exército e Aeronáutica[6].

Nesse sentido, surgiu na sociedade civil a ideia de que o Brasil pós-Bolsonaro precisa de uma urgente reconstrução dos próprios instrumentos de governança do Estado. No entanto, tal processo de restruturação moral, ética e institucional do Estado deve ocorrer em meio às urgências que assolam o país: o retorno da fome em massa, o crescimento das desigualdades sociais, étnicas e de gênero, o aumento da violência. No último ano do governo Bolsonaro, o Centro Nacional de Denúncias da Safernet apresentou um aumento de 67,5% nas denúncias de crimes de ódio na internet envolvendo racismo, LGBTQIA+fobia, xenofobia, neonazismo, misoginia, apologia a crimes contra a vida e intolerância religiosa. Os ataques racistas, homofóbicos e de intolerância religiosa, especialmente contra religiões de matriz africana, aumentaram em média 31%. E houve um aumento notável de discursos e ações racistas por parte das autoridades públicas[7]. Soma-se a tudo isso a necessidade urgente de intervenção imediata em situações emergenciais de crise, como o triste caso do genocídio do povo ianomâmi.

A descoberta das miseráveis condições de vida dos ianomâmi levanta novos e sérios questionamentos para o governo Bolsonaro e para toda a nação, sobretudo com a descoberta de relatórios e imagens trágicas. Lembremos que a Funai era dirigida por um pastor de confissão pentecostal filiado ao bolsonarismo. A ministra Damares Alves e o próprio Bolsonaro, aos quais foi solicitada ajuda para os povos da floresta, nada fizeram diante tal horror. Nada disso foi considerado e outras medidas foram tomadas pelo ministro-chefe do Gabinete de Segurança Institucional (GSI), general Augusto Heleno, e pelo vice-presidente, general Hamilton Mourão, para permitir, e até facilitar, a invasão da terra ianomâmi por garimpeiros.

A extrema polarização da sociedade, o avanço de casos explícitos de racismo e a busca sistemática pela aniquilação dos povos indígenas nos obrigam a

---

[6] Ricardo Ferraz, "Presença de militares em cargos civis dispara sob Bolsonaro, revela estudo", *Veja*, 31 maio de 2022. Disponível em: <https://veja.abril.com.br/politica/presenca-de-militares-em-cargos-civis-dispara-sob-bolsonaro-revela-estudo>; acesso em: 5 fev. 2023.

[7] Assessoria de comunicação, "Estudo aponta 94 discursos racistas de autoridades públicas nos três anos do governo Bolsonaro", *Agência Terra de Direito*, 22 mar. 2022. Disponível em: <https://www.terradedireitos.org.br/noticias/noticias/estudo-aponta-94-discursos-racistas-de-autoridades-publicas-nos-3-anos-do-governo-bolsonaro/23714>; acesso em: 5 fev. 2023.

refletir sobre noções comuns a respeito do pacifismo e da cordialidade do povo brasileiro. Não se trata apenas de Bolsonaro. Tudo isso deve ser rigorosamente tratado como genocídio, responsabilidade de um vasto grupo de oficiais civis e militares que tornaram possível o horror contra essa população. Todas as pessoas comuns, os aparentes "cidadãos de bem", devem ser responsabilizados por suas ações, que, afinal, causaram e continuam a causar tanta dor[8].

Os eventos extremistas entre 12 de dezembro de 2022 e 8 de janeiro de 2023 – os 26 dias de agonia que abalaram a democracia no Brasil –, quando a constitucionalidade estava em risco, são pontos de ebulição derivados da intervenção na política representativa desses novos grupos extremistas. Como provam as experiências em outros países, não devemos ter ilusões: "aqueles que vêm com a tempestade" vieram para ficar no cenário político brasileiro, com ou sem Bolsonaro.

---

[8] Kelly Hekally, "Dino manda investigar ex-governo Bolsonaro por genocídio e omissão de socorro", *Correio Braziliense*, 24 jan. 2023. Disponível em: <https://www.correiobraziliense.com.br/politica/2023/01/5068463-dino-manda-investigar-ex-governo-bolsonaro-por-genocidio-e-omissao-de-socorro.html>; acesso em: 5 fev. 2023.

Democracia em risco: o Judiciário durante o governo Bolsonaro

Gustavo Marinho
Rafael Valim

Introdução

Superado o vergonhoso ataque golpista aos prédios dos três poderes em Brasília no dia 8 de janeiro de 2023[1], evento que maculou a história brasileira, fica nítido que durante o desgoverno de Jair Bolsonaro a democracia e o poder Judiciário brasileiro enfrentaram um de seus períodos mais desafiadores. Abusos e ataques aos valores democráticos praticados diariamente exigiram pronta e precisa atuação do Judiciário, contra o qual se voltaram o ex-presidente e sua horda de fanáticos. A extrema direita brasileira elegeu o Supremo Tribunal Federal (STF) como principal adversário na luta contra nossa democracia.

Muito será escrito e debatido sobre esse lamentável período. Ainda não temos distanciamento suficiente para avaliá-lo em todos os aspectos, mas é certo que se impõe a responsabilização de todos aqueles que transgrediram

---

1 Walfrido Warde e Rafael Valim, "Os inconsoláveis da democracia", *Folha de S.Paulo*, 11 jan. 2023. Disponível em: <https://www1.folha.uol.com.br/poder/2023/01/os-inconsolaveis-da-democracia.shtml>; acesso em: 7 fev. 2023.

grosseiramente a ordem nos últimos anos, de modo a evitar que incorramos nos mesmos erros. Sem anistia.

Evidentemente, não é possível tratar de todos os malefícios de Bolsonaro e do bolsonarismo neste breve artigo. Nosso propósito aqui é mais objetivo e direto: o Judiciário durante o mandato de Jair Messias Bolsonaro (2019-2022). No entanto, antes de pontuarmos alguns dos principais embates nesse âmbito, cumpre registrar, àqueles que não têm formação na área, a conformação da função jurisdicional em nosso país. Esse é o ponto de partida para impedir a disseminação de equívocos.

Breve radiografia da separação de poderes

Como é de conhecimento de muitos, foi com Montesquieu que se cristalizou a ideia de que o exercício das diversas funções do Estado deveria ser realizado por órgãos distintos e autônomos: "Tudo estaria perdido se o mesmo homem ou o mesmo corpo dos principais, ou dos nobres, ou do povo, exercesse esses três poderes: o de fazer leis, o de executar as resoluções públicas e o de julgar os crimes ou as divergências dos indivíduos"[2]. Trocando em miúdos: o poder precisa ser contido pelo próprio poder.

Nos tempos modernos, o critério utilizado para identificar os contornos de cada uma das funções do Estado – legislativa, executiva e jurisdicional – é o objetivo formal, que considera a qualificação atribuída pelo direito. Em outras palavras: para compreendermos cada uma dessas funções, temos de analisar o que dispõem as normas jurídicas de cada Estado. Por exemplo, França, Brasil e Itália possuem funções estatais com desenhos distintos.

Aqui, elas podem ser delineadas da seguinte forma:

1) *Legislativa* é a função do Estado titularizada pelo poder Legislativo e, excepcionalmente, pelo poder Executivo, exercida mediante a expedição de normas gerais, normalmente abstratas, que inovam originariamente o ordenamento jurídico, mas que se submetem aos limites traçados pela Constituição e são passíveis de controle de constitucionalidade pelo Poder Judiciário.
2) *Administrativa* é a função exercida mediante a expedição de atos infralegais ou, excepcionalmente, infraconstitucionais, sempre passíveis de controle de *legalidade* pelo poder Judiciário.

---

[2] Montesquieu, *O espírito das leis* (trad. Cristina Murachco, São Paulo, Martins Fontes, 2005), p. 168.

3) *Jurisdicional* é a função do Estado titularizada exclusivamente pelo Judiciário, cujo propósito é o de solucionar controvérsias jurídicas por meio de decisões (sentenças ou acórdãos) com força de coisa julgada, insuscetível de ser combatida após a interposição de todos os recursos cabíveis ou pela intempestividade de algum deles.

Engana-se quem imagina que a atuação do poder Judiciário se traduz na aplicação mecânica da lei. A atividade do juiz não se restringe à subsunção lógica e mecanizada dos fatos à literalidade da lei (lei + fatos = decisão). A lei, como fonte principal do direito, não é suficiente para sanar todos os problemas jurídicos existentes, tampouco garante que sua aplicação se dará de forma automática. Existe, portanto, uma margem de interpretação relevante conferida ao poder Judiciário, sempre dentro das margens do direito. O certo é que, nas democracias, a função jurisdicional é o resultado de um processo dialético no qual o juiz é um servidor obediente do direito, mas pensante, "já que nenhuma norma se aplica por si só, demandando sempre interpretação"[3].

E é justamente aqui que se iniciam as discussões sobre as intepretações conferidas pelos tribunais. Cada país possui uma série de regras e princípios que conduzem a função jurisdicional a seu ato final: a decisão transitada em julgado (coisa julgada). Aqui, temos uma legislação rigorosa, densa e com diversas possibilidades de revisão das decisões judiciais (recursos).

O STF é o principal guardião da Constituição. Ele, assim como todo o Judiciário, tem o dever de resistir às investidas contra a Constituição e a democracia, em especial quando essa resistência for contramajoritária. Diante do enorme volume de barbaridades que o governo Bolsonaro prodigalizou, foi o Judiciário, mais especificamente o STF, que, quando provocado, zelou pela Constituição Federal e pelas instituições democráticas brasileiras, freando as investidas antidemocráticas e cumprindo seu dever constitucional. Não seguiu e jamais seguirá as vozes das ruas, mas sim o estabelecido democraticamente pelo ordenamento jurídico brasileiro.

Algumas decisões que contiveram Jair Bolsonaro

Pandemia de covid-19 (ADI n. 6.341)

Negacionista convicto, Bolsonaro resistiu a inúmeros alertas de autoridades nacionais e internacionais a respeito da letalidade do coronavírus e se

---

[3] Georges Abboud, *Ativismo judicial: os perigos de se transformar o STF em inimigo ficcional* (São Paulo, Thomson Reuters, 2022), p. 74.

omitiu de coordenar medidas de enfrentamento da pandemia em todo o país. Nesse cenário, o STF, na ADI n. 6.341, reconheceu a prefeitos e governadores a competência concorrente e não excludente (ou privativa) para regulamentar medidas preventivas como isolamento social, restrição de atividades, obrigatoriedade de uso de máscaras, entre outras. Prevaleceu o princípio da predominância do interesse. Graças a isso, impediu-se que o negacionismo presidencial produzisse ainda mais vítimas da covid-19 no Brasil.

Além dessa, outras determinações do STF relacionadas à pandemia merecem ser registradas, dada a importância inquestionável: 1) a decisão que impediu a veiculação de campanha publicitária do governo federal contra o isolamento social ("O Brasil não pode parar") – ADPF 669; 2) obrigatoriedade de apresentação de comprovante de vacinação contra a covid-19 de viajantes provenientes de outros países (passaporte vacinal), ante a oposição do governo federal – ADPF 913; 3) reconhecimento de que a vacinação compulsória contra a covid-19 é constitucional – ADIs 6.586 e 6.587; e 4) derrubada do veto de Bolsonaro em leis sobre a obrigatoriedade do uso de máscaras – ADPFs 714, 715 e 718.

Acesso a armas de fogo

Ao longo de sua gestão, Bolsonaro estimulou a disseminação de armas de fogo em território brasileiro, ao editar decretos que supostamente regulamentavam o Estatuto do Desarmamento (Lei n. 10.826/2003). Esses decretos facilitaram a aquisição e o porte de armas, inclusive as de elevado potencial letal (por exemplo, fuzil), bem como permitiram a compra de grande quantidade de munições.

Apenas para recordarmos, havia em um desses decretos a permissão para que colecionadores, atiradores e caçadores certificados, os chamados CACs, adquirissem até sessenta unidades de armas de fogo, um verdadeiro arsenal, cujo propósito tornou-se evidente após os atos golpistas do dia 8 de janeiro de 2023. O número de pessoas com licença para armas de fogo cresceu 473% com Bolsonaro. Em 2018, existiam 117,4 mil registros de CACs; já em meados 2022, o número chegou a 673,8 mil. Tais números são acompanhados de um aumento de 287% no número de armas registradas, de 350,6 mil para 1.006.725[4].

[4] Marco Antônio Martins, "Em 3 anos, número de armas registradas por caçadores, colecionadores e atiradores quase triplica e chega a 1 milhão", *G1*, 31 ago. 2022. Disponível em: <https://g1.globo.com/rj/rio-de-janeiro/noticia/2022/08/31/em-3-anos-numero-de-armas-registradas-por-cacadores-colecionadores-e-atiradores-quase-triplica-e-chega-a-1-milhao.ghtml>; acesso em: 7 fev. 2023.

Em 2022, o STF considerou inconstitucionais alguns dispositivos desses decretos presidenciais (ADIs 6.139, 6.466 e 6.119) e restringiu, ainda que não impedido, os excessos, o ingresso de uma enxurrada de armas de fogo e munições em nossa sociedade, circunstância que dificilmente será revertida em curto prazo.

O voto impresso

Foram reiteradas as manifestações do ex-mandatário da República e de sua horda de seguidores (inclusive parlamentares) favoráveis à obrigatoriedade de registro impresso dos votos pela urna eletrônica, o tal voto impresso e auditável. Até mesmo o Exército brasileiro foi utilizado como instrumento para colocar em dúvida a lisura do processo eleitoral brasileiro. Um dos mecanismos de contabilização de votos mais seguros, inexpugnáveis e auditáveis do mundo foi frequentemente questionado com o claro propósito de se criar um clima de dúvida caso Bolsonaro não fosse eleito – o que já se anunciava pelas pesquisas de opinião à época.

Nesse contexto, uma das decisões que diminuíram o calor dos debates em torno do tema e permitiram a vitória da sanidade contra o golpismo que se anunciava foi a decisão do STF na ADI n. 5.889, de 2020, que confirmou a liminar que havia suspendido a regra na minirreforma eleitoral de 2015 que previa o voto impresso. Na importante decisão, cumprida à risca durante todo o tumultuado processo eleitoral de 2022, o STF registrou o fato de nunca ter havido qualquer comprovação de fraudes na urna eletrônica e ressaltou que a impressão de votos, sim, poderia dar margens a questionamentos. A Suprema Corte reforçou a solidez de nosso sistema eleitoral.

Propagandas eleitorais ofensivas e o combate às fake news eleitorais

Duas decisões relevantíssimas do TSE preservaram a lisura das eleições de 2022. A primeira, que merece ser relembrada como forma de contenção à indústria do desvirtuamento bolsonarista, foi a exarada nas representações 0601372-57 e 0601386-41. Com ela, o TSE determinou a retirada de propagandas eleitorais e postagens com ofensas aos candidatos à Presidência no segundo turno, se os vídeos ou as postagens propagassem a desinformação, alterando a realidade dos acontecimentos[5]. A segunda decisão, na verdade uma

---

5 Weslley Galzo, "TSE remove 334 postagens bolsonaristas contra Lula e dez do PT contra o presidente", *UOL*, 21 out. 2022. Disponível em: <https://noticias.uol.com.br/ultimas-noticias/agencia-estado/2022/10/21/tse-remove-334-postagens-bolsonaristas-contra-lula-e-10-do-pt-contra-o-presidente.htm>; acesso em: 7 fev. 2023.

resolução do TSE (n. 23.714/2022), permitiu mais agilidade no exercício do poder de polícia do tribunal. De acordo com essa resolução, conteúdos falsos ou descontextualizados e repetidos, ou seja, que já tivessem sido alvo de decisões anteriores pelo próprio TSE, deveriam ser retirados imediatamente, sob pena de multa horária e restrição de acesso aos serviços da plataforma.

Essas determinações poderiam se dar de ofício e sem a oitiva prévia das partes e do Ministério Público, haja vista que se tratava de conteúdos já apreciados pelo tribunal. Essa decisão foi determinante para se conter a enxurrada de *fake news* por parte dos bolsonaristas na reta final das eleições e que poderiam, tal como em 2018, influenciar a decisão do eleitor brasileiro.

Diante das inúmeras investidas contra a referida resolução do TSE, o STF foi provocado pela procuradoria-geral da República a se manifestar. Na ADI 7.261, a Suprema Corte confirmou a constitucionalidade dos dispositivos que permitiram a retirada rápida de conteúdos falsos já apreciados, como forma lícita de enfrentar o "complexo fenômeno da desinformação e dos seus impactos eleitorais".

Conclusão

Durante a gestão de Jair Bolsonaro, foram inúmeras as situações teratológicas como as que vimos durante o período mais agudo da pandemia, nos eventos de comemoração da Independência do Brasil, nas manifestações no "cercadinho" e nas *lives* semanais.

E, nesse ambiente de fragilidade institucional, o poder Judiciário, notadamente o STF, exerceu um papel decisivo na preservação da democracia. Sem as inúmeras decisões que frearam as arbitrariedades de Bolsonaro e do bolsonarismo, possivelmente não estaríamos num período de reconstrução do país e de confirmação do regime democrático. A democracia cresce em períodos de crise, e o STF é um dos responsáveis por seu fortalecimento nos últimos anos.

Democracia para sempre!

A pandemia de covid-19 no Brasil: tempestade perfeita de bolsonarismo

Cesar Calejon

O descrédito do modelo de democracia indireta, a ganância desmedida de partidos políticos pela manutenção das suas hegemonias a qualquer custo, a influência da mídia hegemônica nacional, as manobras de poderes corporativos e da República, recessão econômica, todos os tipos de elitismos históricos e culturais, a sagacidade de grupos internacionais que são especialistas em utilizar o medo e a ojeriza como forma de promover a instabilidade ou criar coesão política entre as massas, os dogmas religiosos e novas ferramentas e estratégias de comunicação. A ascensão do bolsonarismo no Brasil do século XXI promoveu uma reorganização da estrutura social brasileira não somente nos âmbitos político e social coletivo (trabalho, lazer, mercado etc.), mas no cerne das famílias e das relações afetivas.

Cerca de um ano e meio depois, a pandemia de covid-19 desorganizou abruptamente as dinâmicas de funcionamento das sociedades civis em todo o planeta. Entre 2020 e 2021, as principais nações, por meio das respectivas administrações federais, adotaram medidas legislativas restritivas considerando o fluxo de pessoas, produtos e serviços para conter o avanço do patógeno, além de investirem no desenvolvimento e na aquisição de vacinas.

No Brasil, contudo, a crise causada pela covid-19 combinou-se com o bolsonarismo e a instabilidade política e ganhou novos contornos, o que gerou conflitos institucionais: 1) dentro do próprio governo federal; 2) entre os níveis federativos (com governadores e prefeitos estaduais); 3) com os demais poderes da República (Judiciário e Legislativo); e 4) junto à sociedade internacional.

Apesar de ser uma questão social extremamente ampla e complexa, os vetores centrais do agravamento do que se tornou uma sindemia[1] no Brasil entre 2020 e 2022 foram: a) o simbolismo e a prática presidencial que, ao longo de toda a crise sanitária, negou a ciência e as recomendações da Organização Mundial de Saúde (OMS); b) a ausência do federalismo cooperativo, como resultado da falta de liderança e articulação da administração Bolsonaro nos âmbitos federal, estadual e municipal para a formulação de políticas públicas eficazes; c) a gestão (corrupta e criminosa) do Ministério da Saúde, que teve suas lideranças alteradas diversas vezes ao longo da pandemia, o que comprometeu o plano vacinal brasileiro; e d) a subdiagnosticação/subnotificação de casos, devido aos baixíssimos níveis de testes realizados na população brasileira e à morosidade do governo federal em adquirir os reagentes necessários para viabilizar o processo de testagem da população em ampla escala.

O resultado foi a formação da tempestade perfeita para o Brasil. Um cenário de incertezas, colapso sanitário e social, descrédito internacional, falta de harmonia institucional, insegurança pública, destruição do meio ambiente e recessão econômica poucas vezes – ou talvez jamais – verificados na história da nova República, justamente durante a maior pandemia dos últimos cem anos.

Essas dimensões, junto com a inépcia e o negacionismo do gabinete presidencial e do próprio chefe do poder Executivo na ocasião, que classificou a doença como uma "gripezinha" e sugeriu que a vacina contra o vírus poderia causar aids, agravaram severamente a situação no Brasil.

Dessa forma, nenhum outro tema é mais relevante para entendermos o atual cenário sociopolítico e econômico do Brasil – bem como o caráter e os níveis das mudanças sociais que vêm ocorrendo após a pandemia – que a interação entre o bolsonarismo, com os seus diversos instrumentos políticos, administrativos e sociais, e a crise causada pela pandemia de covid-19.

---

[1] O termo "sindemia" foi cunhado pelo antropólogo médico Merrill Singer com base em um estudo sobre o entrelaçamento da síndrome da imunodeficiência adquirida e a violência em cidades estadunidenses para caracterizar a interação agravante entre problemas de saúde em populações e seus respectivos contextos político, social e econômico.

Com a economia devastada, o segundo maior número de óbitos registrados em decorrência da doença em todo o planeta, a explosão da violência, da criminalidade e da intolerância, escândalos de corrupção dentro do governo federal, desavenças internas e externas de todas as ordens, todos os indicadores sociais apontando para a deterioração dos padrões de vida e o desmatamento recorde das suas florestas e outras regiões de preservação, a nação viu-se confrontada com os efeitos práticos de utilizar o ódio, o medo, os elitismos e a desinformação nas redes sociais para eleger os seus líderes representativos.

Assim, lamentavelmente para o Brasil, a ascensão do bolsonarismo ainda coincidiu com a pior pandemia do século. Entre março de 2020 e novembro de 2022, de casos confirmados, 670 mil brasileiros morreram vítimas da pandemia. Somente os Estados Unidos registraram mais casos de mortes no mesmo período. Não por acaso, o continente americano foi a região mais afetada do mundo, afinal, dois presidentes negacionistas, incapazes, corruptos e terrivelmente irresponsáveis estavam no comando das duas maiores nações dos hemisférios Norte e Sul do globo quando, no início de 2020, a crise pandêmica explodiu.

Fatos e indicadores da tragédia do bolsonarismo

Apesar de o jogo político se dar com base no embate de narrativas muitas vezes antípodas, fatos sempre serão fatos, e os indicadores sociais existem para demonstrá-los. Ou seja, não se pode "discordar" das mortes causadas pela doença, do valor da gasolina, das reservas internacionais, do Produto Interno Bruto (PIB), do gás de cozinha, dos alimentos ou do dólar, por exemplo. Esses indexadores refletem parâmetros práticos e concretos da vida social que independem da interferência de quem os observa de forma imediata. Tais dados demonstram as trágicas consequências da estratégia institucional de disseminação do vírus que o governo Bolsonaro deliberadamente adotou.

No auge da pandemia, durante o primeiro semestre de 2021, após todas as ações e as omissões contidas nesse plano macabro da administração Bolsonaro, o Brasil finalmente encontrava-se no vórtice da tempestade perfeita: com milhares de mortes diárias, escândalos de corrupção e desvios[2],

---

[2] No dia 13 de outubro de 2020, a entidade Transparência Internacional divulgou um relatório no qual apontava "um progressivo desmanche do arcabouço legal e institucional anticorrupção que o Brasil levou décadas para consolidar e que permitiram os avanços que o país vinha demonstrando no enfrentamento da corrupção e da impunidade". No dia 30 de dezembro de 2020, o Organized Crime and Corruption Reporting Project, um dos maiores consórcios de jornalistas investigativos do mundo, elegeu o presidente brasileiro como a personalidade mais

colapso econômico[3], desemprego recorde de 14,4%[4], que atingiu mais de 14 milhões de pessoas – especialmente a parcela mais jovem da população[5] –, a taxa de conversão do dólar estadunidense em 5,61 reais[6], o litro da gasolina variando entre 4,38 reais (região Sul) e 4,74 reais (região Norte)[7], o botijão de gás de cozinha de treze quilos em 105,33 reais[8], o pacote de cinco quilos de arroz (normalmente vendido por aproximadamente 15 reais) ultrapassando a marca de 40,33 reais[9], o aumento da desigualdade social de forma expressiva em comparação com os anos anteriores (processo que se acentuou em virtude de medidas econômicas neoliberais adotadas antes de a pandemia chegar ao Brasil)[10], a pobreza assombrando quase 52 milhões (menos de 5,50 reais por dia), a pobreza extrema afetando

---

corrupta do ano: "Jair Bolsonaro, presidente do Brasil, foi eleito Pessoa do Ano do Projeto de Relatórios de Crime Organizado e Corrupção 2020 por seu papel na promoção do crime organizado e da corrupção". Ver OCCRP, 2020. Disponível em: <https://www.occrp.org/en/poy/2020>; acesso em: 24 jan. 2023.

3 O Fundo Monetário Internacional (FMI) calculou, em outubro de 2020, que a dívida bruta brasileira ultrapassaria a marca de 100% do PIB ainda em 2020 e que não há perspectiva de estabilização para a relação entre endividamento e PIB pelo menos até 2025. Até essa data, a expectativa é que a relação entre a dívida bruta e o PIB do Brasil cresça ano a ano, chegando a 104,4%, segundo o próprio FMI.

4 Pesquisa Nacional por Amostra de Domicílios (Pnad Covid-19), divulgada no dia 16 de outubro de 2020 pelo Instituto Brasileiro de Geografia e Estatística (IBGE). Disponível em: <https://www.ipea.gov.br/cartadeconjuntura/index.php/2020/10/pnad-covid-19-divulgacao-de-16102020-principais-destaques>; acesso em: 24 jan. 2023.

5 Apesar de o desemprego ter aumentado para todos entre abril e junho de 2020, para a faixa etária de 18 a 24 anos ele atingiu 29,7% contra 13,3% para a média da população ativa – patamar inédito, segundo a Pnad Contínua. Disponível em: <https://static.poder360.com.br/2020/08/pnad-continua-do-2o-trimestre.pdf>; acesso em: 24 jan. 20223.

6 Dados de câmbio disponibilizados pela empresa Morningstar. Taxa de conversão verificada no dia 30 de setembro de 2020.

7 Estudo apresentado pela empresa ValeCard com base em dados coletados de cerca de 20 mil postos de combustível em todo o país, segundo a companhia.

8 Segundo dados da Agência Nacional de Petróleo, Gás Natural e Biocombustíveis (ANP).

9 Levantamento feito pelo Centro de Estudos Avançados em Economia Aplicada (Cepea--Esalq/USP) demonstrou que a alta do arroz chegou a 100% em doze meses, entre setembro de 2019 e setembro de 2020.

10 Segundo estudo apresentado pelo Instituto Brasileiro de Economia da Fundação Getúlio Vargas (FGV/Ibre), em maio de 2019, ou seja, antes de a crise sanitária comprometer a economia do país, o índice de Gini, que mede a renda do trabalho per capita, alcançou 0,627, maior patamar da série histórica iniciada em 2012. Quanto mais perto de um, maior é a desigualdade. Ver Fundação Getulio Vargas, "Desigualdade de renda no Brasil bate recorde, aponta levantamento

13,7 milhões[11] e a destruição acentuada do meio ambiente[12] e do parque industrial nacional, com demissões em massa nas iniciativas pública e privada, além de grandes empresas multinacionais deixando o mercado brasileiro.

O real brasileiro foi a terceira moeda que mais perdeu valor frente ao dólar estadunidense entre março e outubro de 2020 – numa lista com 121 países, o país ficou atrás apenas da Zâmbia e da Venezuela[13] –, e o Ibovespa foi o índice global com mais perdas em dólar em todo o mundo nesse período[14]. Além disso, o Brasil deixou de figurar entre as dez maiores economias do mundo[15], amargou uma queda de 48% no fluxo de investimentos estrangeiros diretos no país durante os primeiros seis meses de 2020, média que ficou acima da observada entre os demais países emergentes[16], e a resposta organizada pela gestão bolsonarista contra a pandemia foi considerada a pior de todas por institutos internacionais de pesquisa[17].

---

do FGV/IBRE", 22 maio 2019. Disponível em: <https://portal.fgv.br/noticias/desigualdade-renda-brasil-bate-recorde-aponta-levantamento-fgv-ibre>; acesso em: 26 jan. 2023.

[11] Síntese dos Indicadores Sociais, apresentado pelo Instituto Brasileiro de Geografia e Estatística (IBGE) no dia 12 de novembro de 2020 com o panorama social de 2019. O contingente de pessoas vivendo na pobreza extrema representa 6,5% da população brasileira – com menos de 1,90 dólares por dia (151 reais por mês, segundo a cotação e a metodologia utilizadas na pesquisa).

[12] O Brasil fechou o ano de 2020 com o maior número de queimadas da década. Segundo dados divulgados pelo Instituto Nacional de Pesquisas Espaciais (Inpe), foram 222.798 focos de incêndio registrados, 12% a mais que os 197.632 registrados em 2019. Nos dois anos seguintes, o desmatamento e a destruição da Amazônia seguiram atingindo níveis recordes. Ver Lucas Lacerda, "Amazônia tem desmatamento recorde em outubro", *Folha de S.Paulo*, 11 nov. 2022. Disponível em:<https://www1.folha.uol.com.br/ambiente/2022/11/amazonia-tem-desmatamento-recorde-em-outubro.shtml>; acesso em: 24 jan. 2023.

[13] Levantamento foi feito pela agência de avaliação de risco Austin Rating a pedido do CNN Brasil Business, que levou em consideração a variação acumulada até o fechamento de setembro. Ver Juliana Elias, "Desvalorização do real em 2020 só perde para moedas da Venezuela e da Zâmbia", *CNN Brasil*, 2 out. 2020. Disponível em: <https://www.cnnbrasil.com.br/business/desvalorizacao-real-dolar-em-2020-so-perde-para-moedas-da-venezuela-e-da-zambia>; acesso em: 24 jan. 2023.

[14] Estudo do Goldman Sachs apresentado em outubro de 2020.

[15] Em 2020, o PIB brasileiro (1,4 trilhão de dólares) foi superado pelo da Coreia do Sul, do Canadá e da Rússia, ocupando a 12ª posição no ranking das maiores economias do mundo. Dados da FGV e do FMI.

[16] Conferência das Nações Unidas sobre Comércio e Desenvolvimento (Unctad) realizada em outubro de 2020.

[17] Segundo o Lowy Institute, renomado instituto australiano, o Brasil apresentou a "pior" resposta ao desafio pandêmico entre os 98 países avaliados.

Essas não são, portanto, questões abstratas ou partidárias, sujeitas a diferentes interpretações. O bolsonarismo potencializou os estragos da pandemia no Brasil. Fato. Cabe avaliar a extensão dos danos e as possíveis saídas e implicações dessas ações criminosas.

Muito por esses fatos, o governo Bolsonaro foi o primeiro a não se reeleger desde que o mecanismo da reeleição foi instituído no Brasil. Contudo, o bolsonarismo representa apenas um modo de sociabilidade que pode se expressar de múltiplas formas no futuro. Hoje, os Estados modernos, os ordenamentos jurídicos nacionais e, basicamente, toda a organização da vida social, em especial nos países ocidentais, são frutos desse modelo que vem sendo elaborado com base na expropriação e na usurpação das classes trabalhadoras; ou seja, pela lógica de reprodução do capital, que depende de crises recorrentes para fazer a manutenção das suas propriedades.

Assim, o bolsonarismo é a forma de expressão mais aguda desse paradigma capitalista no Brasil. Conforme explica o professor Alysson Leandro Mascaro: "O Estado como o conhecemos é uma forma de organização sociopolítica do capital. Caso a democracia não seja mais interessante ao capital, essa força fará com que um golpe ou uma ditadura aconteçam. Nesse contexto, surge o bolsonarismo"[18].

Dessa forma, além de vencer o bolsonarismo ao longo dos próximos anos, faz-se necessária a reorganização do modelo de sociabilidade que permite que movimentos desta ordem ascendam ao poder. É preciso, sobretudo, derrotar o dogma religioso no cerne da organização sociopolítica do país, a ideologia do anticomunismo que permeia o debate público nacional e a racionalidade neoliberal que organiza os arranjos sociais com base nos princípios universais da competição irrestrita e, como consequências, das desigualdades sem limites. Para tanto, no sentido de extrairmos valiosas lições sobre nossos erros e como devemos proceder, precisamos olhar para as perdas e os danos causados pelos dois eventos mais deletérios e dolorosos que acometeram a nação brasileira durante as últimas décadas: o bolsonarismo e a crise da covid-19. Ambas demonstram que o modelo liberal fracassou. O desafio é imenso, mas a luta desta e das próximas gerações o superará.

---

18 Entrevista concedida ao autor no dia 13 de setembro de 2021.

Desafios do feminismo no pós-Bolsonaro

Maria Lygia Quartim de Moraes

> A dimensão do desmonte provocado pelo governo Bolsonaro nas políticas para as mulheres é a expressão de um projeto político de invisibilização e sujeição da mulher. Tal projeto começa na esfera simbólica, mas tem consequências concretas na desorganização e no esvaziamento das políticas públicas, na desidratação do orçamento, na desestruturação institucional e, consequentemente, na perda de direitos e até da própria vida das brasileiras.[1]

A política de terra arrasada com respeito aos direitos da mulher foi a marca registrada da gestão da pastora evangélica Damares Alves à frente do Ministério da Mulher, da Família e dos Direitos Humanos ao longo do governo Bolsonaro. Na visão dela, o feminismo era um inimigo a ser combatido, e a família heterossexual, heteronormativa e sob autoridade masculina deveria ser exaltada. Num país racista, misógino, violento e conservador como o Brasil, tais

1 Gabinete de Transição Governamental, *Relatório final* (Brasília, 2022), p. 25.

proposições não constituíram novidade, porém adquiriram um peso agigantado ao se transformarem na bandeira da ministra. Este texto busca evidenciar como nossas mazelas centenárias foram aprofundadas por um conjunto de políticas deliberadas contra as populações mais pobres e, em especial, as mulheres.

Em 2021, no terceiro ano do governo Bolsonaro, o estupro de mulheres já estava 4,1% acima do índice verificado em 2017, segundo o *Anuário Brasileiro de Segurança Pública*[2]. Foram notificados cerca de 180 estupros por dia. A maioria das 660 mil vítimas (53,8%) eram meninas de até treze anos. Este dado precisa ser destacado: a cada hora, ao longo de 2021, quatro meninas menores de treze anos foram estupradas no Brasil. De acordo com Cristina Neme, pesquisadora do Fórum Brasileiro de Segurança Pública, "o perfil do agressor é de uma pessoa muito próxima da vítima, muitas vezes seu familiar", como pai, avô e padrasto, indicando "algo de estrutural nesse fenômeno".

As diversas manifestações da violência de gênero estrutural saltam aos olhos: os dados[3] fornecidos pelo Sistema Único de Saúde (SUS) registraram, em média, seis abortos por dia em meninas de dez a catorze anos no Brasil. O país registra também uma média anual de 26 mil partos de mães com idades entre dez e catorze anos. O crescimento da violência contra as mulheres se refletiu também em outras formas de agressão. Em 2021, o Brasil viu, a cada hora, 26 mulheres sofrerem agressão física e, a cada dia, em média quatro mulheres serem vítimas de feminicídio.

No mesmo período, os estupros contra pessoas LGBTQIA+ aumentaram em cerca de 88%. A cada dois dias, uma travesti ou mulher trans foi assassinada. Se introduzirmos a dimensão de raça, observaremos que as mulheres negras são as que proporcionalmente mais sofrem violência de gênero no Brasil. Em 2018, a taxa de homicídios contra mulheres negras era 65,8 % superior à de não negras. Se existissem dados que revelassem a classe social das vítimas, mulheres pobres seriam majoritárias[4].

---

2 Fórum Brasileiro de Segurança Pública, *Anuário Brasileiro de Segurança Pública 2019*. Disponível em: <https://forumseguranca.org.br/anuario-13>; acesso em: 18 jan. 2023. Estatística apurada em microdados das secretarias de Segurança Pública de todos os estados e do Distrito Federal.

3 Dados tabulados em 2020 pela BBC News Brasil no Sistema de Informações Hospitalares do SUS, do Ministério da Saúde.

4 Cabe mencionar também que é formada por mulheres a esmagadora maioria das pessoas trans e travestis assassinadas no país. Disponível em: <https://ponte.org/a-cada-100-pessoas-trans-assassinadas-no-brasil-96-sao-mulheres-trans-e-travestis>; acesso em: 23 fev. 2023.

Os neopentecostais e os direitos das mulheres

Nossa hipótese é que as características específicas das designações evangélicas e seu crescimento exponencial no país fazem com que elas estejam na vanguarda dos ataques aos direitos das mulheres, não obstante elas próprias constituírem a maioria dos fiéis.

É inegável que o catolicismo professa os mesmos princípios conservadores dos evangélicos, mas é o ativismo político desses últimos que tem causado danos às políticas dos direitos humanos. Damares permaneceu firme no ministério ao longo dos quatro anos de mandato, elegendo-se para o Senado em 2022.

As religiões de matriz judaico-cristã compartilham de uma mesma concepção da esfera do divino que reproduz ou projeta a realidade social em que se desenvolveram e que, em última instância, são uma consagração do patriarcalismo. Daí a defesa intransigente dos pilares do sistema patriarcal: assimetria entre os gêneros, poder dos homens, concepção a-histórica de família e repressão de toda sexualidade e identidade de gênero que não se encaixem no modelo cisheteronormativo.

Data da primeira metade do século XX a entrada do neopentecostalismo no Brasil. Os primeiros pastores, dois suecos convertidos nos Estados Unidos, radicaram-se em Belém do Pará, onde fundaram a Assembleia de Deus, hoje a mais importante de todas as designações neopentecostais. Poucas religiões conheceram expansão tão rápida. Constituída por apenas 6,6% da população em 1980, as denominações evangélicas passaram a representar 9% em 1991, crescendo para 15,4% (cerca de 26,2 milhões de pessoas) até chegar a 42,3 milhões em 2010. Vale dizer, aumentaram 61,45% em dez anos. A rapidez do crescimento dos evangélicos no Brasil merece uma análise detalhada.

Em termos nacionais, o crescimento se deu principalmente nos estados do Norte e nas zonas rurais. Outra característica: essas denominações alcançam a população com menor nível de instrução, sendo 6,2% sem instrução alguma e 42,3% com ensino fundamental incompleto. Sabemos que as mulheres aderem mais às religiões que os homens – e, no caso dos evangélicos, essa tendência se exacerbou: enquanto a diferença entre católicos é de 1 milhão de mulheres a mais, entre os evangélicos é de quase 5 milhões. Como explicar tamanha adesão ao neopentecostalismo? Mais adiante, voltarei à questão.

Do ponto de vista político, a influência evangélica é ainda mais alarmante. Isso porque, diferentemente de outras filiações religiosas, as comunidades evangélicas exercem enorme poder sobre seus pares. Os sermões e a pregação giram em torno do preceito da obediência: os filhos obedecem aos pais; as mulheres, aos maridos; e todos os fiéis, ao pastor, que não somente dá as diretrizes da vida cotidiana, como define as tendências políticas. Nas palavras de um pastor, segundo a edição de 26 de fevereiro de 2021 da *Folha de S.Paulo*, “Bolsonaro atingiu a imunidade de rebanho com respeito aos evangélicos”. De fato, com uma taxa correspondente a 30% dos eleitores, foram eles que se mantiveram fiéis a um presidente incompetente, negacionista e despreparado para o cargo, não obstante todos os problemas que o país enfrentou nesse que foi, provavelmente, o pior governo da República.

O Brasil não é o único país a ser palco do avanço neopentecostal – a especificidade é que já tivemos uma Igreja católica com forte presença nos movimentos sociais. O Movimento dos Trabalhadores Rurais Sem Terra (MST) é um exemplo dessa influência. No entanto, uma sucessão de papas conservadores e retrógados levou ao progressivo desmantelamento dos núcleos de padres progressistas, atingindo em especial os adeptos da teologia da libertação. A opção conservadora fez com que muitos católicos, sobretudo das camadas mais baixas, migrassem para religiões nas quais, além do conforto religioso, encontrassem outras formas de apoio. Não se pode esquecer a deserção sofrida pelos movimentos populares por parte da esquerda militante, que debandou para os aparelhos de Estado após a vitória do Partido dos Trabalhadores (PT). Em política e em religião, não há vazios.

Outro fator não desprezível é a vocação não contemplativa do evangelismo. No discurso dos neopentecostais, não se trata de fugir do mundo, mas de ter sucesso nele tal como é. As concepções evangélicas são bastante adequadas ao neoliberalismo, pois traduzem a riqueza como sinal de que Deus está com aquela pessoa. As diferenças sociais passam a ser atribuídas aos desígnios divinos. Não se trata propriamente de conformismo com a situação presente, mas de fomentar a esperança de que a obediência traga prosperidade. A miséria religiosa no Brasil revela-se na passagem da teologia da libertação para a teologia da prosperidade.

Do golpe contra Dilma ao antifeminismo militante do bolsonarismo

O antifeminismo de Bolsonaro já era conhecido há muito tempo. Defensor da ditadura e da tortura, ele se pautou pelo desrespeito às parlamentares, além de ostentar vulgaridades e violência contra jornalistas. Ao machismo cafajeste, que não era novidade no país, associou-se o elogio ao armamentismo e à violência. No imaginário e na prática, as diversas formas de violência contra as mulheres passaram a ser minimizadas, sem falar na culpabilização da vítima (bebeu, vestiu-se sem recato etc.). Enquanto isso, as denúncias por violência e o feminicídio aumentavam progressivamente.

Apesar da dimensão ridícula e risível dos pronunciamentos de Damares, seria um grave equívoco ignorar o mal que causaram a disseminação de *fake news* e o descaso com as políticas públicas de combate à violência contra a mulher, além do desmonte da antiga Secretaria de Direitos Humanos. O feminismo e a autonomia sexual foram perseguidos em todos os níveis da vida pública. A bancada da Bíblia conseguiu vetar a expressão "gênero", que foi apagada também nos currículos escolares e nos documentos oficiais, incluindo os do Ministério das Relações Exteriores. Ademais, a pastora Damares usa a linguagem do bem e do mal. Por definição, o inimigo político é o capeta. No imaginário de várias camadas da população, a briga entre o bem e o mal e entre Deus e o capeta são realidades inquestionáveis.

Penso que é importante colocarmos a seguinte questão: o que atrai e fideliza o enorme contingente de mulheres (negras e pobres) que constituem a base social do neopetencostalismo? O que elas encontram nas comunidades evangélicas? O catolicismo, ao excluir as mulheres da vida sacerdotal, não oferece um espaço de poder como têm as pastoras. A antropóloga Jacqueline Moraes Teixeira[5] defende a tese do empoderamento das mulheres que atuam nas comunidades evangélicas também por meio dos grupos de apoio, dos projetos profissionalizantes e da ajuda contra a violência doméstica. Daí a fidelidade aos pastores e o voto de cabresto. Em muitos sentidos, a religião faz parte de uma estratégia de sobrevivência.

A realidade, como se sabe, é síntese de múltiplas determinações. A incidência de mulheres chefes de família já superou 45%. São neopetencostais muitas das mães negras que se organizam contra o genocídio de seus filhos e aquelas que lutam contra as mazelas e problemas das populações periféricas, sob o jugo de milícias e do tráfico. O avanço dos evangélicos só pode ser entendido se levarmos em conta o contexto brasileiro e as condições de vida de grande parcela da população convertida.

Marx falava que a religião é o ópio do povo, Weber apontou a dessacralização do mundo impulsionada pelo capitalismo, e Durkheim mostra a importância da república para o fortalecimento de uma moral de cidadania, especialmente a partir do ensino universal gratuito e igual para todos e todas. Os três ícones da sociologia estão certos, cada um acentuando uma dimensão do problema. Para que o povo não precise de ópio, faz-se necessária a presença

---

[5] Jacqueline Moraes Teixeira, *A mulher universal: corpo, gênero e pedagogia da prosperidade* (Rio de Janeiro, Mar de Ideias, 2016).

do Estado laico, de um eficiente sistema de seguridade social e de melhores e mais abrangentes políticas educacionais e culturais.

A ausência de políticas públicas que defendam as populações da opressão das milícias e do tráfico, o desmonte gradativo das políticas de proteção social, o abandono do trabalho político com as populações vulneráveis (a partir do momento em que os quadros do PT se integram à burocracia estatal) e a falta de perspectivas de melhoria na vida podem ser apontados como elementos constitutivos da expansão evangélica. Mas há também que se considerar que a população neopentecostal conta com a possibilidade de deslocamento entre igrejas e religiões. E que fiéis não constituem blocos homogêneos.

Não podemos esquecer que as mulheres são as maiores opositoras de Bolsonaro desde o movimento Ele Não. Depois de sua eleição, foram quatro anos de resistência à escalada fascista e antifeminista. E a escolha do ministério do governo Lula-Alckmim, com o recorde de onze mulheres ministras, é uma luz no fim do túnel – contamos com Sonia Guajajara no recém-criado Ministério dos Povos Indígenas, Anielle Franco no Ministério da Igualdade Racial, Marina Silva no Ministério do Meio Ambiente, Nísia Trindade no Ministério da Saúde, Cida Gonçalves no Ministério das Mulheres, entre outras.

LGBTQIA+ sob o governo Bolsonaro: desumanização e disputa do campo dos direitos

Regina Facchini
Gabriela Junqueira Calazans

"Devastação", "destruição" e "desmonte" têm sido termos mobilizados para tratar dos efeitos do governo Bolsonaro sobre o Estado brasileiro e as políticas públicas. O relatório final do Gabinete de Transição Governamental retrata "a herança socialmente perversa e politicamente antidemocrática deixada pelo governo Bolsonaro, [...] com impactos em áreas essenciais para a vida das pessoas e os rumos do país [... e] consequências graves para a saúde, a educação, a preservação ambiental, a geração de emprego e renda, e o combate à pobreza e à fome"[1]. Tais efeitos atingem diretamente a vida das pessoas que se reconhecem e são reconhecidas pelo acrônimo LGBTQIA+, que, como o restante da população brasileira, são atravessadas por múltiplas estruturas sociais de poder,

---

1 Gabinete de Transição Presidencial, *Relatório final* (Brasília, 2022), p. 7.

como as de classe, raça, gênero, geração, etnias. Há, porém, especificidades destacadas por pesquisadores e ativistas.

O início da mobilização desses sujeitos é registrado no Brasil nos anos 1950, com iniciativas da imprensa artesanal e de reuniões, emergindo na forma de grupos ativistas no período da abertura política, quando também ganhavam outras roupagens as lutas de mulheres, pessoas negras e o sindicalismo. Na passagem aos anos 1980, deu-se a centralização em torno de um sujeito político estável – na época, homossexuais – e a elaboração de boa parte das pautas que chegaram ao começo dos anos 2000 com reconhecimento socioestatal e respostas legais e jurídicas limitados. O tortuoso percurso de reconhecimento de pessoas LGBTQIA+ como sujeitos de direitos é atravessado por intensas ansiedades morais que têm alocado historicamente experiências da diversidade sexual e de gênero como pecado, crime, doença ou falha moral. Partilham com mulheres, pessoas indígenas, negras, trabalhadoras e outros sujeitos minorizados a origem histórica de modos específicos de diferenciação e hierarquização que fundam a modernidade ocidental: o colonialismo, o racismo, a organização em classes sociais, o modelo de dois sexos incomensuráveis e hierarquizados e a emergência do dispositivo da sexualidade.

Na segunda metade dos anos 1990, viu-se estendido um processo de "cidadanização" para LGBTQIA+, com a inserção de "homossexuais" no primeiro Plano Nacional de Direitos Humanos (1996) e a instituição do Conselho Nacional de Combate à Discriminação (2001), ambas na gestão de Fernando Henrique Cardoso. Esse processo se aprofundou nos dois primeiros mandatos de Luiz Inácio Lula da Silva, na década inicial dos anos 2000. Em 2004, foi lançado o Programa Brasil Sem Homofobia e, em 2009, o Plano Nacional de Promoção da Cidadania e Direitos Humanos de LGBT, fruto de propostas aprovadas na primeira Conferência Nacional LGBT de 2008. O lançamento desse plano, acompanhado da criação da Coordenação Geral de Promoção dos Direitos de LGBT, na então Secretaria Especial de Direitos Humanos da Presidência da República, e da reestruturação do Conselho Nacional Contra a Discriminação, que passou a se chamar CNCD/LGBT, compuseram o que ficou conhecido como "tripé da cidadania". Como instrumentos de gestão participativa, as conferências articulavam-se, então, a estruturas ministeriais, organizadas em torno da agenda de raça, gênero e sexualidade, responsáveis por políticas orientadas para a redução da discriminação e da desigualdade. Estruturas similares foram estabelecidas no âmbito de estados e municípios.

Embora o *impeachment* de Dilma Rousseff, em 2016, explicite a virada de rumos políticos, pesquisas indicam a reação ao PNDH-3, em 2009, como um ponto de inflexão e ruptura de setores religiosos e conservadores em relação à agenda dos direitos humanos. A primeira metade dos anos 2010 foi marcada pela organização de uma eficiente reação contra a pauta de direitos relativos à diversidade sexual e de gênero. Sob pressão de bancadas religiosas do Congresso, em 2011 a presidenta Dilma Rousseff vetou a distribuição do material didático "Escola sem homofobia", apelidado de "kit gay" e associado a uma suposta trama que colocaria em risco "a família" e "as crianças", tomadas de modo abstrato. Em 2012, o Ministério da Saúde cancelou a divulgação de uma campanha governamental de prevenção ao HIV voltada a jovens gays.

Na esteira da crescente mobilização contra uma suposta "ideologia de gênero" na América Latina[2], a escalada de pânicos morais ganhou palco nos debates sobre os planos nacional, estaduais e municipais de educação na primeira metade da década de 2010. Eliminaram-se referências a gênero, diversidade e orientação sexual nos planos e em outros documentos norteadores no campo da educação. A campanha Escola Sem Partido produziu mobilizações públicas e projetos de lei contra a suposta "doutrinação ideológica" nas escolas e colaborou na proliferação do anti-intelectualismo.

Amplificada em redes sociais, a exploração de pânicos morais em torno do "kit gay" e da "ideologia de gênero" foi central para arregimentar votos e apoios políticos para a eleição de Jair Bolsonaro, em 2018. O discurso reacionário mobilizado articulou conservadorismo moral e ultraliberalismo econômico e elegeu sujeitos de direitos abstratos, como "a família", "a criança" e o "cidadão de bem", em oposição à diversidade das famílias, crianças e mulheres e a uma miríade de "outros", entre os quais pessoas negras, indígenas, quilombolas, periféricas, feministas e LGBTQIA+, desqualificados e desumanizados. Estava em disputa a noção de direitos, ora apresentados como "privilégios" frente ao primado do mérito individual, ora se apropriando da retórica dos direitos e reposicionando os sujeitos de direitos a serem reconhecidos[3].

Além dos altos índices de violência letal, pesquisas notaram o crescimento de relatos de discriminação e agressões LGBTQIA+fóbicas na virada dos 2010[4].

---

[2] A noção de "ideologia de gênero" surgiu em setores conservadores da hierarquia católica ainda nos anos 1990, como reação à agenda dos direitos sexuais e reprodutivos das conferências das Nações Unidas de Cairo (1994) e de Pequim (1995).

[3] Regina Facchini e Isadora Lins França (orgs.), *Direitos em disputa: LGBTI+, poder e diferença no Brasil contemporâneo* (Campinas, Editora da Unicamp, 2020).

[4] Mark Drew Crosland Guimarães et al., "Comparing HIV Risk-Related Behaviors between 2 RDS National Samples of MSM in Brazil, 2009 and 2016", *Medicine*, v. 97, n. 1, supl. 1, maio 2018, p. S62-8.

A violência contra essas pessoas se agudizou nos meses que circundaram as eleições de 2018, e constatou-se um deslocamento do perfil observado em pesquisas anteriores com o aumento de relatos de violência em família, vizinhança, escolas e universidades, ambientes religiosos e de trabalho[5]. As tensões políticas desceram ao plano das relações cotidianas e interpessoais, e os efeitos da enunciação de discurso de ódio por autoridades públicas ameaçaram processos de aceitação construídos ao longo de anos de luta dos movimentos.

Esses efeitos no dia a dia de pessoas LGBTQIA+ expressaram-se de modo perverso ao longo do distanciamento social motivado pela pandemia de covid-19 entre 2020 e 2021, com prejuízos à saúde mental, acesso à renda e a redes de apoio[6]. Intensificaram-se esforços de correção da orientação sexual e identidade de gênero, ocorridos majoritariamente em ambientes familiares, religiosos, educacionais, de saúde e saúde mental[7], com o desmonte de políticas de saúde mental, que ampliou o campo de ação de "comunidades terapêuticas"; e com as disputas públicas, no âmbito do Legislativo e do Judiciário, envolvendo normativas do Conselho Federal de Psicologia (CFP), em especial a Resolução 01/99, que veda aos psicólogos a colaboração em atividades que visem a oferecer cura ou patologizar a orientação sexual, e projetos de lei que atacam a regulamentação profissional de diversas áreas, incluindo a psicologia.

Contribuições ao Gabinete de Transição Governamental[8] indicam o entendimento compartilhado de movimentos sociais e organizações da sociedade

---

[5] Lucas Bulgarelli et al., "Violência contra LGBTs+ nos contextos eleitoral e pós-eleitoral", *Gênero e Número*, Rio de Janeiro, 2019. Disponível em: <http://violencialgbt.com.br/dados/190321_relatorio_LGBT_V1.pdf>; acesso em: 18 jan. 2023.

[6] #VoteLGBT, "Diagnóstico LGBT+ na pandemia: desafios da comunidade LGBT+ no contexto de isolamento social em enfrentamento à pandemia de coronavírus", 2020. Disponível em: <https://votelgbt.org/pesquisas>; acesso em: 18 jan. 2023.

[7] Conselho Federal de Psicologia, *Tentativas de aniquilamento de subjetividades LGBTIs* (Brasília, CFP, 2019). Disponível em: <https://site.cfp.org.br/wp-content/uploads/2019/06/CFP_TentativasAniquilamento_WEB_FINAL.pdf>; acesso em: 18 jan. 2023; Anelise Fróes, Lucas Bulgarelli e Arthur Fontgaland, *Entre curas e terapias: práticas de conversão sexual e de gênero no Brasil* (São Paulo, All Out/Instituto Matizes, 2022). Disponível em: <https://s3.amazonaws.com/s3.allout.org/images/All_Out_Instituto_Matizes_Relatorio_Completo_Entre_Curas_E_Terapias.pdf>; acesso em: 18 jan. 2023.

[8] Associação Nacional de Travestis e Transexuais, "Carta da ANTRA ao presidente Lula e à equipe de transição de governo". Disponível em: <https://antrabrasil.org/2022/11/11/carta-da-antra-ao-presidente-lula-e-a-equipe-de-transicao-de-governo>; acesso em: 18 jan. 2023; Fórum de ONG/aids do estado de São Paulo (Foaesp). "Propostas para os 100 primeiros dias do novo governo federal no enfrentamento do HIV/aids". Disponível em: <https://www.

civil pró-direitos das pessoas LGBTQIA+ de que o desmonte das políticas focalizadas nos últimos anos deu-se ao menos em dois sentidos: 1) da desconstituição de direitos e garantias conquistados; e 2) da construção de políticas anti-LGBTQIA+, que não assumem necessariamente esse nome, mas podem ser identificadas no campo da defesa da família, das escolas, dos esportes, da saúde.

No sentido da desconstrução, as primeiras ações da gestão Bolsonaro esvaziaram e silenciaram a participação social das pessoas LGBTQIA+. Inicialmente pela extinção do CNCD/LGBT, recriado em novo formato – sem explicitar a população alvo de sua atuação e com redução da representação da sociedade civil –, fragilizando a pressão e o acompanhamento das ações do governo pela sociedade civil. Depois, pela revogação da convocação da IV Conferência Nacional LGBT. Acentua-se a descontinuidade das políticas públicas LGBTQIA+, iniciada na gestão Temer, com o desmonte de órgãos e esvaziamento de suas atribuições na garantia de direitos dessa população.

Marca importante da gestão Bolsonaro, legitimada pelo poder do voto, foi a guinada na orientação das políticas públicas em perspectivas antigênero e antissexualidade – eliminando todas as referências a gênero em documentos e manifestações oficiais; retirando das atribuições do Ministério da Mulher, da Família e dos Direitos Humanos (MMFDH) os objetivos voltados à cidadania LGBTQIA+; deixando de priorizar políticas voltadas à educação sexual e à promoção da diversidade na educação; promovendo a abstinência ou o adiamento da iniciação sexual como política pública para o enfrentamento da gravidez na adolescência; preterindo a execução do Plano Nacional de Educação (2014-2024); e dando destaque a políticas de educação domiciliar (*homeschooling*).

No que tange ao desmonte das estruturas de governo, foi mantida, no âmbito do MMFDH, uma instância exclusivamente dedicada a políticas para LGBTQIA+ nos três primeiros anos da gestão até que, em dezembro de 2021, o Departamento de Promoção dos Direitos de LGBT foi extinto e fundido a outros, originando o Departamento de Proteção de Direitos de Minorias Sociais e Populações em Situações de Risco. Processos semelhantes ocorreram em diferentes ministérios. No Ministério da Educação, eliminou-se a Secretaria de Educação Continuada, Alfabetização, Diversidade e Inclusão (Secadi),

forumaidssp.org.br/noticia.php?id=655&propostas-para-os-100-primeiros-dias-do-novo-governo-federal-no-enfrentamento-do-hivaids>; acesso em: 18 jan. 2023; Anelise Fróes, Lucas Bulgarelli e Arthur Fontgaland, "Pontos de destaque sobre o desmonte de políticas LGBTI+ para relatório do Grupo Técnico de Direitos Humanos do Gabinete de Transição Governamental", São Paulo, Instituto Matizes, 2023. Disponível em: <https://institutomatizes.com.br/wp-content/uploads/2023/01/Nota-Tecnica_01_2023_v2.pdf>; acesso em: 18 jan. 2023.

responsável por promover ações transversais nas políticas educacionais. No Ministério da Saúde, o Comitê Técnico de Saúde da População LGBT deixou de se reunir em 2017, e a responsabilidade sobre a Política de Saúde Integral da População LGBT saiu da Secretaria de Gestão Estratégica e Participativa para a Coordenação de Garantia de Equidade, uma das sete coordenações do Departamento de Saúde da Família, da Secretaria de Atenção Primária à Saúde. No mesmo processo de desalojar e diluir questões relacionadas à diversidade sexual e de gênero ou colocá-las "no armário", o antigo Departamento de Infecções Sexualmente Transmissíveis (IST), Aids e Hepatites Virais foi extinto e transferido a uma instância mais genérica chamada de Departamento de Doenças de Condições Crônicas e Infecções Sexualmente Transmissíveis.

A elaboração de políticas públicas foi descontinuada. Identificou-se uma única proposta relacionada a LGBTQIA+, voltada a medidas para valorização da empregabilidade de pessoas trans e travestis, que não apresenta evidências de execução. A Revisão Periódica Universal (RPU), mecanismo de avaliação do Conselho de Direitos Humanos da Organização das Nações Unidas (ONU), apontou o não cumprimento pelo Estado brasileiro de recomendações em áreas como defesa dos direitos LGBTQIA+ e educação, assim como a subutilização das dotações orçamentárias para essas políticas, evidenciando processos de desinvestimento de recursos em políticas LGBTQIA+ e de educação. Nas políticas de saúde, houve paralisação dos esforços de indução e ampliação da rede de serviços voltada à saúde LGBTQIA+ e ao processo transexualizador. Nas políticas de aids, houve redução e redirecionamento das campanhas preventivas – que passaram a voltar-se somente à "população em geral" –, também com subutilização e desinvestimento orçamentário; insumos de prevenção deixaram de ser comprados, culminando num grande corte de recursos no último ano da gestão; novos medicamentos deixaram de ser incorporados; e houve restrições à possibilidade de prescrição da profilaxia pré-exposição (PrEP) por farmacêuticos, além de insuficiência da oferta desse recurso preventivo. Nas políticas de ciência e tecnologia, houve desfinanciamento, adiamento e dificultação de pesquisas oficiais, como o Censo, além da restrição à divulgação de dados sobre a comunidade LGBTQIA+ na Pesquisa Nacional de Saúde de 2019, revelados apenas em 2022, após ação do Ministério Público Federal (MPF).

No sentido da construção de políticas anti-LGBTQIA+ sob a gestão Bolsonaro, ocorreu um forte movimento de criminalização das iniciativas educacionais voltadas a gênero e sexualidade sob a justificativa de tratarem-se de "ideologia de gênero"; incremento nas tentativas de correção da identidade de gênero e orientação sexual de pessoas LGBTQIA+, favorecido pelo aumento do financiamento às "comunidades terapêuticas" no SUS; investimento pesado em políticas focadas na família que promoveram a privatização de demandas públicas (de educação, assistência social e trabalho) e operam com noções pouco inclusivas de parentalidade; adoção de novo documento nacional de identificação para brasileiros que fere a dignidade de pessoas trans; aumento da violência política contra parlamentares e lideranças políticas LGBTQIA+; ineficácia da criminalização da LGBTQIA+fobia, com barreiras estruturais, institucionais e conjunturais, dada a legitimação de tal violência pelos discursos das autoridades públicas; apagamento de violências de gênero e contra a população LGBTQIA+ no Disque DH, canal voltado a receber e apurar denúncias de violações de direitos humanos; descontinuidade do monitoramento e recolhimento de informações sobre a violência LGBTQIA+fóbica; e inúmeras iniciativas legislativas que visam a questionar decisões judiciais que garantiram direitos a pessoas dessa comunidade (ao casamento, à família e à adoção).

Embora tenham ocorrido importantes avanços nas pautas durante esse período, todos vieram pelas mãos do Supremo Tribunal Federal (STF), que atuou frente à inação do Legislativo. Nas casas legislativas, em todos os níveis de governo, tramitam quase trezentos projetos de lei que propõem restringir direitos dessas pessoas. Diante desse cenário, a reconstrução no campo dos direitos de LGBTQIA+ implica a retomada das estruturas de gestão e participação, elaboração de políticas públicas transversais e a revogação de medidas contrária aos direitos dessas pessoas. É fundamental, ainda, o acompanhamento legislativo, o apoio às ações e políticas que resistiram no âmbito dos estados e municípios e a firme expressão do compromisso do presidente da República e das autoridades governamentais com a garantia dos direitos dessa população.

Ao mencionarmos a disputa em torno dos sujeitos a serem reconhecidos e da própria noção de direitos ao longo da última década e, em especial no governo Bolsonaro, consideramos o vibrante e diversificado campo dos ativismos LGBTQIA+, que resistiu, com ânimos renovados, ao contexto político de devastação. Ao lado de outros movimentos sociais e da frente ampla que se articulou em torno da eleição de Luiz Inácio Lula da Silva, o movimento LGBTQIA+ é aliado na reconstrução do Brasil como um país democrático, mais justo e igualitário, capaz de cuidar e garantir os direitos de todas as pessoas cidadãs.

BOLSONARO
DEU ERRADO

Não há democracia com racismo[1]

Silvio Luiz de Almeida

Racismo e futebol

A forma como o racismo se manifesta em nossa vida social e nosso cotidiano não se dá apenas de modo ostensivo. A forma mais sofisticada e científica de racismo é como algo que constitui nossa subjetividade, ou seja, uma forma de ver e sentir o mundo, uma forma naturalizada. Ou seja, o racismo é um elemento de naturalização das relações sociais e da própria discriminação. E a raça é um elemento de classificação dos indivíduos, que está além da vontade deles.

Nós, negros – e também os brancos que não se conformam com o racismo e não o têm como algo que conduza suas ações no cotidiano –, naturalizamos e normalizamos que goleiros brancos não fazem parte do imaginário social[2].

---

1 Este capítulo foi redigido com base em entrevista de Silvio Almeida concedida ao jornalista Juca Kfouri em 15 de dezembro 2022. A transcrição e a edição foram feitas por Waleska Miguel Batista e Julio Cesar Silva Santos e aprovadas pelo autor.

2 Neste momento, Silvio Almeida respondeu à questão de Juca Kfouri, que indagou sobre a ausência de goleiros negros nos times de futebol, normalizando um imaginário social racista de que os goleiros de alto nível são brancos. O pai de Silvio Almeida, Lourival de Almeida

Não tem como explicar o futebol sem a questão racial – e isso não só no Brasil, mas no mundo inteiro. Explicar o futebol é, ao mesmo tempo, explicar como o racismo funciona.

Primeiro, é importante mencionar que ser goleiro significa que a pessoa é a última fronteira entre a vitória e a derrota. Goleiro é um cargo máximo de confiança. Ser goleiro significa poder salvar seu time da derrota, garantir a vitória dele. Por isso, é necessário que se confie no goleiro. É nesse momento que o racismo torna as pessoas negras objeto permanente de desconfiança. Desconfia-se do negro, de sua capacidade, e da possibilidade de o negro manter a higidez e o equilíbrio em momentos decisivos; isso é algo que o racismo faz, colocando nos brancos o imaginário dessas características centrais para a organização e a racionalização. O imaginário, então, reproduz que o branco é o racional, o branco é quem organiza, e isso se estende a outros lugares do futebol e além dele.

Inclusive, as narrativas para fornecer o sentido sobre o que acontece é feita por uma pessoa branca, através de suas lentes constituídas de racismo. Ou seja, quem dá sentido, quem racionaliza e quem fornece as possibilidades de compreensão do que é o futebol e do que é o jogo é a figura do branco. Pessoas brancas são lidas socialmente como brancas e constituídas sugestivamente a partir desse lugar que nós chamamos de branquitude. A branquitude não é um grupo de pessoas, é uma ideologia que constitui o imaginário sobre seu pertencimento a uma raça[3].

Por sua vez, ser negro é ser objeto de permanente desconfiança e significa que, diferentemente dos brancos, essa pessoa não poderá cometer erros – retira-se do negro a possibilidade de errar. A pessoa que erra e pode errar consegue aprender e melhorar. Errar faz parte do processo de aprendizado para nos reposicionarmos. Os erros demonstraram que as pessoas que estavam no entorno lhe concederam confiança.

Filho (1941-2015), ou apenas Barbosinha, foi goleiro do Corinthians e tinha esse apelido por conta da semelhança com Barbosa, titular nas balizas do Brasil na Copa de 1950, acusado de ser responsável pela derrota da Seleção naquele Mundial, como ainda hoje não é incomum acontecer. Barbosa conviveu com esse estigma – estimulado pelo racismo estrutural na sociedade brasileira – até o dia de sua morte, em 7 de abril de 2000. Desde 1950, em poucas oportunidades a Seleção brasileira atuou com um guarda-metas titular negro.

3 "Por que a gente não fala o centroavante branco não serve? Porque ser branco significa que você é racializado sem ter uma raça. Ou seja, o branco é constituído por uma raça, mas que nunca precisa falar sobre si mesmo enquanto parte de um grupo racializado", diz Silvio Almeida.

O cenário político atual

Como boa parte dos brasileiros, temos o sentimento de que nós sobrevivemos – e, de fato, sobrevivemos. Por causa da demolição institucional pela qual o Brasil passou e que está na conta de Jair Bolsonaro – e de todos aqueles que o apoiaram e permitiram que um homem como ele chegasse ao grau de representante do Estado brasileiro –, nós temos hoje um cenário de tragédia, com 33 milhões de pessoas passando fome; 120 milhões de pessoas com insegurança alimentar; quase 700 mil mortos pela pandemia de covid-19, sendo que, segundo dizem, boa parte dessas pessoas poderia ter a vida salva caso houvesse uma ação responsável das autoridades sanitárias no país.

Nesse sentido, nós, que tivemos a possibilidade de chegar até aqui, somos sobreviventes, como disse Elias Canetti[4], porque não apenas estamos vivos, como vimos muitos companheiros tombarem ao nosso lado. Nós vimos a morte de perto. Então, esta é a sensação que tenho, de que eu sou um sobrevivente. E ser sobrevivente significa que você testemunhou o que há de pior, mas também que pode contar essa história para que isso não mais ocorra.

Por isso, devemos ter esperança de abrir uma cena em direção ao futuro. Mas, ao mesmo tempo que com muita esperança, vejo com muita preocupação, porque é um trabalho que não vai se encerrar nos próximos tempos. O que precisamos fazer é plantar sementes para o futuro e arrancar os elementos que tornaram possível o bolsonarismo crescer na sociedade brasileira. Nota-se que estamos falando de Jair Bolsonaro, que dá nome a um fenômeno, o bolsonarismo, porque se tornou o maior símbolo disso. Mas Bolsonaro é um sintoma, não é a questão central.

Nós somos um país com problemas muito sérios do ponto de vista estrutural e do ponto de vista de sua constituição. Esses são problemas reproduzidos no cotidiano, na vida política, na vida econômica. Por isso é importante dizer que o cenário internacional criou uma estufa a partir da qual Bolsonaro entrou e pode ganhar força. Essa questão de fundo ainda não foi apresentada. Temos uma conjuntura em que, na luta, conseguimos vencer. Se as eleições tivessem resultado na vitória de Bolsonaro, seria quase impossível traçar um cenário. Mas vencemos! Agora é essencial analisar as estruturas que fazem com que, no Brasil, o bolsonarismo permaneça vivo. O bolsonarismo é nossa versão do fascismo do século XXI, que renasce nas crises do capitalismo. Nós temos uma

---

[4] Elias Canetti foi um romancista e ensaísta de nacionalidade búlgara, que recebeu o Prêmio Nobel de Literatura em 1981.

conjuntura de crise internacional que está muito presente, alinhada com as questões geopolíticas e com os conflitos do mundo.

Ao mesmo tempo, temos três tendências estruturais específicas. A primeira é a profunda dependência econômica e a desigualdade que fazem com que a economia não consiga atender ao Estado soberano, e isso provoca problemas na reprodução da vida material da população. O segundo problema é a aversão à democracia em sentido amplo e pleno, ou seja, o Brasil é um país autoritário em que o Estado brasileiro desorganiza a vida do povo, a vida comunitária. E em terceiro lugar, é o racismo o elemento fundamental para explicar por que nasce um Bolsonaro e nasce um bolsonarismo e como ele permanecerá na sociedade brasileira, ainda que nós ganhemos força para lutar contra isso. O processo de "desbolsonarização" do Brasil é fundamental.

Da escravidão ao racismo estrutural: violências, vida e morte

A característica do Estado moderno é que todo Estado nasce da violência contra as formas de vida não compatíveis com os pressupostos do capitalismo e da econômica moderna. E também temos as violências específicas do cenário nacional e que dão características a todos os países, sobretudo aos da América Latina e, em particular, o Brasil.

O Brasil é um pouco de democracia, seguida de ditaduras. Por isso, ao entender a ditadura militar de 1964, nota-se que o país já tinha condições autoritárias em que ela pôde se enraizar. Ficar 21 anos sob o jugo de uma ditadura militar, de 1964 a 1985, é compreender que ela pode se encaixar nessa estrutura estatal. Isso não aconteceu de uma hora para outra, mas vem de processos de violência e teve início na escravidão.

A abolição foi um processo político de grande complexidade que resultou na Lei Áurea. Houve arranjos e transformações no campo da economia e lutas que forçaram a reconhecer os negros como sujeitos políticos. Após a Independência, houve um arranjo em que começou a disputa econômica e política para entender qual seria o *status* da escravidão e o que seria uma sociedade moderna. Por isso, algumas pessoas defendiam a abolição e outras eram favoráveis à manutenção do sistema no Brasil. Essas pessoas são chamadas de regressistas (1830) e depois se tornaram as mais ricas do Brasil por causa da economia cafeeira – e deixaram herdeiros que se tornaram financistas e empresários, com dinheiro oriundo da escravidão.

A abolição da escravidão, em 1888, fez com que o Brasil passasse da escravidão para o racismo estrutural, porque ele é assentado nas condições da República, de um Brasil que tenta se inserir nas economias modernas; ou seja, é fundamental para criarmos uma cultura de paz, democracia e sociedade emancipada, em que seja possível lidar com os traumas. O Brasil é um país que não tem luto. Não há tempo de lidar politicamente com a perda.

A política é o espaço que criamos entre a vida e a morte, é a atribuição de sentido entre a vida e a morte, bem como sua ritualização. Se a vida não tem seus rituais, ela não tem sentido. Se a morte não tem seus rituais, a vida não tem sentido. Precisamos chorar nossos mortos. Precisamos valorizar cada vida. Precisamos proteger cada vida. Isso é ritualizar a morte para ritualizar a vida. O Brasil não faz isso. O Brasil não cria seus rituais políticos de vida e de morte. Nós tivemos a escravidão, mas nós não elaboramos esse trauma. Nós fomos vivendo através dos traumas da violência de uma sociedade escravocrata.

A relação de uma sociedade escravocrata não se estabelece a partir da casa-grande e senzala, mas de uma sociedade que não vivia sem escravidão. É entender que, no século XIX, todos viviam em favor da escravidão, mesmo aqueles que não tinham escravos; ou seja, era o pacto de todos contra os escravos[5]. Por isso, é uma sociedade que se nutre da violência e da morte.

Nesse contexto, há uma dificuldade muito grande de construir uma sociedade democrática. Uma ditadura só é possível numa sociedade profundamente desigual, autoritária e racista. Portanto, não se pode falar de democracia numa sociedade em que mais de 50% da população é negra e é destratada. Não se pode falar em desenvolvimento, que era um tema discutido no fim dos anos 1950 e que foi interrompido justamente pela ditadura militar.

A memória é importante porque faz parte de um ritual político de preservação e ressignificação de nosso sentido na história e na vida. Só com a memoria podemos fazer justiça e fazer o que exige todo ato de justiça: a reparação. As mortes por covid-19 precisam ser ritualizadas.

Sem educação não há projeto nacional

A educação é parte da disputa ideológica, e precisamos fazê-la sem ter vergonha, disputando corações e mentes, bem como provendo a constituição dos sujeitos da sociedade brasileira. Então, a educação tem um papel fundamental quando se fala em uma educação de direitos humanos. É pensar na valorização da vida, da democracia e das condições dignas para que todas as

[5] Júlio César de Oliveira Vellozo e Silvio Luiz de Almeida, "O pacto de todos contra os escravos", *Revista Direito e Práxis*, Rio de Janeiro, n. 3, v. 10, 2019, p. 2.137-60.

pessoas que aqui estão sejam naturalizadas e normalizadas como parte de uma conscientização e sentimento.

Dessa forma, uma educação em direitos humanos é parte fundamental da transformação do Brasil. A luta da professora Maria Victória Benevides[6] é uma luta que sempre esteve na direção correta. Neste momento em que a "bola" está em nossos pés, devemos pensar uma educação que coloque os direitos humanos como central.

Eleições 2022, racismo, sexismo e humanidade

Não podemos achar que todas as pessoas negras pensam da mesma forma ou que não tenham divergências entre si, ainda que se encontrem no mesmo campo político. Nesse tempo das eleições de 2022, havia negros em frente aos quartéis, que apoiaram e que estão diretamente com Jair Bolsonaro, talvez pensando em benefícios pessoais – obviamente não pensam na população negra. Os brancos também fazem esse cálculo sobre o que lhe apresenta benefícios.

Uma das coisas para compreender o racismo é começar a entender a multiplicidade e a diversidade no sentido de que há várias posições em jogo e esse conflito que há entre os negros. Isso significa reconhecer que os negros são seres humanos, ou seja, têm posições distintas.

Martin Luther King Jr. entendeu o que significa a luta pela igualdade racial em seu sentido amplo, pois fez uma transição da luta pelos direitos civis para a luta pelos direitos humanos. Ele entendeu que a questão da violência, da opressão e da discriminação contra a população negra era apenas a ponta mais visível de um processo que primeiro tinha raízes que iam além do racismo e da herança da escravidão e que tinham relação direta com a maneira como a sociedade norte-americana estava organizada e que tinham assento na comunidade internacional. Além disso, ele entendeu que o problema do negro não era apenas do negro, mas dos trabalhadores do mundo. Portanto, se os trabalhadores quisessem se libertar, eles tinham de pensar de maneira solidária.

A questão racial exige solidariedade e não se pode tratá-la sem que nós olhemos também para a discriminação contra as mulheres. A questão da raça é

---

[6] Neste ponto, Silvio Almeida responde a uma pergunta formulada por Maria Victória Benevides, professora titular da Faculdade de Educação da USP, onde leciona sociologia e oferece cursos de teoria da democracia e dos direitos humanos. É socióloga, com especialização no campo da ciência política e do direito em temas da história política brasileira e da educação.

uma questão de gênero também, que implica valorizar e respeitar que as pessoas possam amar quem elas quiserem – possam ter seu gênero respeitado, ter sua sexualidade livre, sem qualquer tipo de interferência nisso, pois se trata de uma dimensão fundamental da existência dessas pessoas.

A luta das mulheres e pelas mulheres é uma luta pela libertação de toda a humanidade. Portanto, cada vida que se salva, cada liberdade que se ganha no campo da luta racial e da luta de gênero, é fundamental para constituirmos esta obra aberta chamada humanidade. Esta é uma obra inacabada e está na história. Buscamos construir um patamar de humanidade a partir daquilo que nos une apesar de nossas singularidades. Por isso, a luta das mulheres negras é uma luta que deve ser encampada por todos que somos dos direitos humanos e que acreditamos neles.

A visão de direitos humanos é falar da construção de um conceito de humanidade, pois muito do que foi construído em torno de humanidade e até de direitos humanos exclui certas formas de vida e de existência que não são compatíveis com a ideia de um homem branco e que tem certo comportamento, com certa visão de mundo, então nós excluímos isso como visão de humanidade e, por esse motivo, temos de entrar na disputa sobre o que é o ser humano e o que é humanidade. Tudo isso é uma categoria histórica.

Houve avanços no Brasil quanto às lutas da questão racial. Não podemos vilipendiar a luta dos ancestrais, daqueles e daquelas que vieram antes de nós. A luta teve avanço, uma vez que vemos pessoas negras em algumas instituições. Contudo, nota-se que não foi suficiente, já que nos quatro anos da gestão do governo anterior houve profundo risco. As respostas que nós vamos dar sobre como podemos proteger as conquistas históricas e realizar mais conquistas vai depender de nossa capacidade de dar respostas mais eficientes. Temos uma disputa a ser feita no Congresso brasileiro, especialmente sobre as cotas raciais.

Quem é contra as cotas raciais é racista, pois está manifestando uma objeção ao avanço da população negra no Brasil. A política de cotas tem efeito no todo da sociedade brasileira, não apenas para a população negra. A política de cotas significa que parte expressiva da população vai estar em espaços que antes não podia ocupar e que, portanto, vai haver mudança tanto quantitativa quanto qualitativa nesse espaço das universidades.

As universidades tiveram que mudar e vão ter que mudar. Interessante que, no momento em que a população negra começa a entrar nas universidades por meio das cotas raciais e também da universalização do acesso às universidades públicas brasileiras, haja um processo de destruição da instituição. Portanto, não é uma luta apenas pela política de cotas, é uma luta pela universidade pública, gratuita, universal e de qualidade.

Devemos lutar para que população negra tenha uma vida digna. É uma luta pelos serviços públicos e de caráter universal. A luta antirracista não é uma luta particular, ao passo que a luta pela reconstrução de serviços públicos é universal. Não existe particular fora do universal nem universal fora do particular.

Uma revisita necessária à questão agrária brasileira: financeirização da terra e suas implicações recentes

Sérgio Pereira Leite

É comum destacar, entre as análises voltadas à questão agrária brasileira, as características históricas que marcaram a formação social do meio rural doméstico, especialmente aquelas relacionadas à forte desigualdade da estrutura fundiária, que ainda hoje se mantêm. Dados mostram que os estabelecimentos agropecuários com menos de dez hectares, apesar de representarem metade do total de unidades, respondiam por apenas 2,28% da área total, enquanto os estabelecimentos com mil ou mais hectares eram somente 1% do número total, mas detinham 47,52% da área[1]. É conhecida também a crítica feita à modernização agrícola nas décadas de 1960, 1970 e 1980, apontando o forte viés produtivista, agroexportador e concentrador de crédito rural, conferindo adjetivos como "conservadora", "forçada" etc. para caracterizar a construção de um pacto político, econômico e institucional que permitiu a intocabilidade

[1] IBGE, *Censo Agropecuário 2017* (Rio de Janeiro, IBGE, 2019).

da propriedade da terra em meio ao forte processo de industrialização e urbanização da sociedade[2].

Por sua vez, não menos importante é a observação sobre processos sociais e políticos que, entre 1930 e o fim do século passado, marcariam um conjunto significativo de mudanças operadas no campo, fugindo a um diagnóstico reducionista da modernização entendida enquanto alteração da base técnica dos estabelecimentos agropecuários. Com efeito, como ressaltam Palmeira e Leite[3], a forte migração rural-urbana, a emergência do Estado enquanto mediador das relações entre capital e trabalho no campo, a ascensão do movimento sindical de trabalhadores rurais, a participação da Igreja católica na formação de movimentos sociais rurais e o consequente aumento da luta por terra e da instalação de assentamentos rurais constituem elementos centrais nesses movimentos operados no período, contrapondo-se a uma rápida e intensa espacialização da monocultura em áreas do cerrado das regiões Centro-Oeste, Sudeste e Nordeste, que resultou em sérios problemas ambientais ao alavancar uma ocupação territorial da produção agrícola destinada ao abastecimento interno e, sobretudo, à geração de divisas internacionais por meio da exportação de *commodities*.

O século XXI trouxe ainda novas dimensões que se somariam às anteriores. Como chamam a atenção Delgado e Leite[4], ao lado de conquistas importantes, como a criação de um conjunto inovador de políticas agrárias e alimentares diferenciadas e a redução das desigualdades sociais e da fome (indicadores que seriam revertidos a partir de 2016), também assistimos a processos que aprofundaram as contradições estruturais da sociedade brasileira e caracterizaram um forte viés regressivo no meio rural, entre os quais a financeirização da terra e da agricultura.

Financeirização como processo multidimensional

Há uma ampla literatura que trata do processo de financeirização em nível internacional e busca caracterizá-lo à luz das novas dinâmicas capitalistas, da

---

2 Sérgio Pereira Leite, *Inserção internacional e financiamento da agricultura brasileira* (doutorado em economia, Campinas, IE/Unicamp, 1998).

3 Moacir Palmeira e Sérgio Pereira Leite, "Debates econômicos, processos sociais e lutas políticas", em Luiz Flávio Carvalho Costa e Raimundo Santos (orgs.), *Política e reforma agrária* (Rio de Janeiro, Mauad, 1998).

4 Guilherme Delgado e Sérgio Pereira Leite, "O agro é tudo? Pacto do agronegócio e reprimarização da economia", *Revista Rosa*, n. 6, v. 2, 2022.

construção de uma macroestrutura financeira a um novo regime de acumulação conforme o tipo de autor e linha de interpretação que se escolha. Epstein[5] conceitua a financeirização como o aumento da importância dos mercados financeiros, dos motivos financeiros, das instituições financeiras e das elites financeiras na operação da economia e suas instituições de governo, tanto em nível nacional quanto em nível internacional. Para Palley, "a financeirização transforma o funcionamento do sistema econômico tanto no nível macro quanto no nível micro. Seus principais impactos são: 1) elevar a importância do setor financeiro em relação ao setor real, 2) transferir renda do setor real para o setor financeiro e 3) contribuir para um aumento da desigualdade de renda e para a estagnação dos salários"[6].

A aplicação desse arcabouço analítico ao setor rural não é trivial e apenas recentemente se tornou mais significativa, embora tenha sido objeto de tratamento em estudos "clássicos" da questão agrária brasileira, como o livro pioneiro de Delgado e sua continuidade em obra posterior[7], aprofundando vários aspectos à luz de novos instrumentos. O autor já ressaltava, na década de 1980, o papel do crédito rural e a "ingerência financeira" como uma das características do processo de "modernização conservadora" da agricultura brasileira. De fato, no âmbito do debate nacional, o assunto vem sendo discutido por pesquisadores da área de geografia, ainda que estudos do campo das ciências sociais propriamente ditas também estejam crescendo.

Além desses autores mais recentes e com investimentos de pesquisa na área rural em si, seria oportuno um resgate dos "clássicos" que formularam categorias e conceitos fundamentais para uma compreensão desses movimentos que envolvem a terra e, secundariamente, o setor rural. Nesse sentido, embora não tenhamos espaço para tanta digressão, cabe sublinhar a contribuição de Marx e sua interpretação sobre a renda da terra e o capital fictício, especialmente no Livro III de *O capital*, como também de Karl Polanyi em seus estudos sobre o "mercado" e a economia como processo social, que atribui significado e alcance da "mercadoria" terra e sua centralidade para um entendimento mais amplo dos processos sociais. Ainda entre os "clássicos", figura Ignácio Rangel, pensador

---

5 Gerard A. Epstein (org.), *Financialization and the World Economy* (Massachusetts, Edward Elgar Pub, 2005).

6 Thomas I. Palley, "Financialization: What it is and Why it Matters?", *Levy Economics Institute Working Paper*, n. 525, 2007, p. 3.

7 Respectivamente, Guilherme Delgado, *Capital financeiro e agricultura no Brasil* (Campinas, Ícone, 1985); e Guilherme Delgado, *Do capital financeiro da agricultura à economia do agronegócio* (Porto Alegre, Editora da UFRGS, 2012).

original e sem o devido reconhecimento por suas contribuições ao tema, que desenvolve inovadora ideia de uma "quarta renda" da terra, tratando-a como um quase ativo financeiro e iluminando um campo de análise que, até então, se limitava às conhecidas formulações das rendas diferencial I e II, com David Ricardo, e renda absoluta, com Marx[8].

Revisitando o universo agrário

A conjuntura dos anos 2000, com a confluência das crises ambiental, energética, de alimentos e financeira, se fez acompanhada da multiplicação de novos mercados e ativos financeiros relacionados com agricultura e terras, cujo processo estruturador se deu com a realização de inovações institucionais, com a proliferação de conferências especializadas em investimentos em agricultura e com o fortalecimento de narrativas que exaltam a terra como um componente acessível e desejável dos portfólios de investidores institucionais[9], provocando mudanças na propriedade e no controle das terras. Isso fica evidente no aumento exponencial no número de fundos de investimentos internacionais dedicados ao meio rural, em que o número total de fundos salta de 41 em 2005 para 609 em 2020[10].

Frederico e Gras[11] apontam que, entre os investimentos financeiros alternativos, aqueles relacionados com a terra e projetos agropecuários se tornaram aplicações atrativas e importantes. Tais ativos incluem ferramentas diferenciadas que são aplicadas ao setor (mercados de futuro, fundos de *hedge*, títulos etc.), podendo envolver investimentos em ativos reais, como projetos agrícolas, florestais, de infraestruturas etc. Ganharam destaque, sobretudo, após a crise financeira de 2008[12].

---

8 Ignácio Rangel, "A questão da terra", *Revista de Economia Política*, v. 6, n. 4, out./dez. 1986, p. 71-7.

9 Madeleine Fairbairn, "Like Gold with Yield: Evolving Intersections Between Farmland and Finance", *The Journal of Peasant Studies*, n. 41, 2014, p. 777-95.

10 Valoral Advisor, *2020 Global Food & Agriculture Investment Outlook*, Luxemburgo, 2020.

11 Samuel Frederico e Carla Gras, "Globalização financeira e *land grabbing*: constituição e translatinização das megaempresas argentinas", em Júlia Adão Bernardes et al. (orgs.), *Globalização do agronegócio e* land grabbing*: a atuação das megaempresas argentinas no Brasil* (Rio de Janeiro, Lamparina, 2017).

12 Karina Kato e Sérgio Pereira Leite, "*Land grabbing*, financeirização da agricultura e mercado de terras: velhas e novas dimensões da questão agrária no Brasil", *Revista da Anpege*, v. 16, 2020, p. 452-83.

Os trabalhos de Gomes[13] e Siviero Vicente[14] apontam, em detalhes, como fundos de pensões e doações de universidades americanas aportaram em território brasileiro, apropriando terras na região Nordeste e redirecionando-as para produção de *commodities*, na busca de maior rentabilidade aos cotistas e remuneração de suas pensões. Assim, uma nova "relação rural-urbano" se constrói a partir dessas conexões financeiras de forma completamente involuntária, isto é, associando a aposentadoria de professores universitários à expulsão de camponeses e ao estabelecimento de novas plantas produtivas.

Esses investimentos e a rápida apreciação dos preços da terra que provocam têm importantes impactos socioeconômicos e ambientais e geram conflitos nos territórios em que se concretizam, em especial nas áreas de "fronteira agrícola", como o Matopiba, quase sempre compostas de terras públicas, onde muitos pequenos produtores e posseiros seguem vivendo sem ter os títulos das áreas que ocupam. Essas dinâmicas geram pressão sobre esses grupos para que vendam ou deixem suas terras, e o resultado se traduz na concentração da produção e, sobretudo, da propriedade da terra, ampliando as estratégias neorrentistas no meio rural brasileiro.

Nos últimos três anos, assistimos a inovações jurídicas que precisam ser exploradas de forma mais eficiente. Com efeito, as leis do Agro, n. 13.986/2020 e n. 14.421/2022, e a Lei dos Fundos de Investimento na Cadeia Produtiva do Agronegócio (Fiagro), n. 14.130/2021, são exemplos dessas modificações, que se traduzem na criação do Fundo Garantidor Solidário (FGS), do Patrimônio Rural em Afetação (PRA), da Cédula Imobiliária Rural (CIR) e em modificações na CPR[15]. A Lei do Agro "introduz uma mudança significativa nas operações do mercado de capitais que investem em títulos do agro, a saber: a possibilidade de emitir CRAs em dólar, diretamente nos mercados *offshore*, o que significa dizer que esses títulos podem ser emitidos e registrados em bolsas de valores

[13] Carla Morsch Porto Gomes, *Um "novo mercado global de terras" no Brasil:* land grabbing *e a "última fronteira agrícola" – Matopiba* (tese de doutorado, Rio de Janeiro, CPDA/UFRRJ, 2020).

[14] Jéssica Siviero Vicente, *Uma nova safra de proprietários rurais? O caso dos investimentos da Universidade Harvard em recursos naturais no Brasil* (dissertação de mestrado, Rio de Janeiro, CPDA/UFRRJ, 2020).

[15] Esse novo arranjo financeiro tem início em 1994 com a Cédula do Produto Rural (CPR), com liquidação física e financeira (esta última em 2000). A partir de 2004, o repertório de instrumentos ganhou novo impulso com as diversas modalidades dos títulos do agronegócio, como os Certificados de Recebíveis do Agronegócio (CRA), Letras de Crédito do Agronegócio (LCA) etc., contando com mercados derivativos específicos e ampliando o conjunto de investidores para além do universo rural.

estrangeiras, sem a necessidade de que investidores estrangeiros precisem abrir contas no país"[16]. Segundo o autor, a "Lei do Agro pode ser dividida em três grupos: a) criação do regime de afetação do imóvel rural a partir da CIR; b) expansão do financiamento do agronegócio por meio do mercado de capitais, bem como os aprimoramentos dos títulos já existentes; c) medidas de equalização da taxa de juros para todos os agentes financeiros que passaram a operar no mercado de crédito rural"[17]. Esse instrumento, entre outros, vem garantindo um forte processo de "assetização" da agricultura brasileira.

A Lei do Fiagro reforça o movimento citado, impulsionando junto ao mercado de ações (a chamada "B3") os investimentos especulativos lastreados no patrimônio e na produção agropecuária. Segundo Gonçalves[18], tais investimentos podem ser operacionalizados de distintas formas: 1) imóveis rurais; 2) participação de empresas da cadeia produtiva agroindustrial (Fiagro-FIP); 3) ativos financeiros, títulos de crédito ou valores mobiliários Fiagro-FII), inclusive LCA, WA, CDA, CIR e Patrimônio Rural em Afetação, emitidos por pessoas físicas e jurídicas da cadeia produtiva agroindustrial; 4) direitos creditórios do agronegócio e títulos de securitização por eles lastreados; 5) direitos creditórios imobiliários relativos a imóveis rurais e títulos de securitização (CRIs) emitidos com lastro nos próprios; 6) cotas de fundos de investimento que apliquem mais de 50% de seu patrimônio nos ativos dos itens mencionados.

Como aponta Delgado, a recente legislação brasileira reforça esse movimento de financeirização da terra, ao mesmo tempo que fragiliza a posição brasileira no *front* externo, incorrendo em outros aspectos problemáticos, como a subordinação da segurança alimentar a esse novo quadro, entre outros.

À guisa de conclusão

Ainda não está claro o alcance dessas modificações no *modus operandi* do agro nacional e seus impactos sobre as dinâmicas sociais, políticas e econômicas, especialmente por causa dessa "invisibilidade do véu monetário" que intermedia tais movimentos. Podemos supor que as novas estratégias empresariais para

---

[16] Orlando Aleixo de Barros Jr., *Uma nova classe de atores ou uma nova classe de ativos? Financeirização de terras e a exploração de recursos naturais no Brasil* (Rio de Janeiro, CPDA/UFRRJ, 2022), p. 7.

[17] Ibidem, p. 22.

[18] Bruna F. Gonçalves, "O capital financeiro no campo: o financiamento do agro e a financeirização da terra", *Anais do XIV Enanpege*, 2021.

o setor passam pelo atendimento prioritário dos interesses de investidores e acionistas, deslocando o eixo da lógica produtiva para a financeira. Movimento que é acompanhado, diga-se de passagem, pelo processo de estrangeirização das terras, com o controle de uma quantidade não desprezível de áreas pelo capital internacional, inclusive aquele patrocinado pelos fundos de pensão.

Além de uma compreensão mais ampla dos setores afetados pelo quadro comentado, suas respostas e novas reações possíveis, parece urgente problematizar essa dimensão, primeiro conferindo maior transparência a esse processo, mas, sobretudo, buscando estratégias de "desfinanceirização" que permitam recuperar territórios e projetos que se associem a um padrão de desenvolvimento sustentável no sentido mais amplo do termo.

SINISTRO DO
MEIO AMBIENTE

Entre o sódio da sardinha enlatada e o mercúrio do peixe morto, a escolha foi feita

Alvaro de Azevedo Gonzaga
Felipe Labruna

Os ianomâmi são um povo originário que habita a região de fronteira entre o Brasil e a Venezuela, ao norte da floresta Amazônica. Do lado brasileiro, suas terras estão situadas em uma região de 9,6 milhões de hectares, entre o estado de Roraima e o estado do Amazonas. Hospedam mais de 26 mil parentes, totalizando oito diferentes sociedades indígenas. A comunidade ianomâmi está estruturada em abrigos comunitários ou aldeias autônomas, onde as deliberações são tomadas em conjunto, e as tarefas, como caça e agricultura, são distribuídas entre homens e mulheres.

Em termos não indígenas (ou coloniais) da teoria geral do Estado, podemos dizer que a organização ianomâmi se estrutura de maneira sinárquica, ou seja, com o poder coletivo ou compartilhado, contando com vários chefes e centros soberanos. Evidentemente, decolonizar o termo é necessário para que possamos produzir uma aproximação, com o devido cuidado metodológico de equiparar (e não comparar), entre nossa cultura com a cultura e classificação eurocêntrica.

A maior proximidade com os povos não indígenas, a partir de meados do século XX, além da atividade de personagens econômicos interessados na exploração dos recursos naturais da região de sua habitação, ocasionaram uma coleção de efeitos negativos e perigosos às comunidades ianomâmi. O impulso da atividade agromineral (que abarca o extrativismo e a agropecuária) rumo à região Norte do Brasil fez com que a situação desse povo se degradasse com o avançar dos anos. Informações do Instituto Socioambiental (ISA) indicam que, ao fim dos anos 1980, dezenas de milhares de pessoas de fora se instalaram na região, sobretudo em Roraima, para exercer atividades como garimpo do ouro, agropecuária, caça e pesca, atingindo diretamente o modo de vida dos coletivos nativos. Nesse contexto, o conflito violento pela posse das terras, o surgimento de enfermidades até então desconhecidas pelas comunidades indígenas, a contaminação das águas e do solo em decorrência das explorações econômicas e a atividade madeireira essencialmente extrativista passaram a ser celeumas enfrentadas pelos ianomâmi. Não bastasse, as populações indígenas enfrentam outra consequência nefasta da exploração de sua natureza: a fome.

Crise sanitária e desnutrição grave

Os ianomâmi estão enfrentando uma crise sanitária e de saúde pública, com uma disparada na identificação de casos de desnutrição grave (em especial entre crianças e idosos), moléstias associadas à fome (tal qual a pneumonia, as infecções respiratórias e a diarreia) e malária. Esta última, doença infecciosa transmitida por um mosquito dotado de protozoário, muitas vezes apresenta-se em surtos e, se não é tratada devidamente, causa vômitos e deixa o doente extremamente debilitado, com febre alta e dificuldade em manter ou ganhar peso. Duas regiões das referidas terras indígenas são as mais atingidas por essa crise: a Surucucu, além das entranhas do estado de Roraima, com dezenas de comunidades em seu campo de influência, e a Auaris, quase na fronteira com a Venezuela. Lá vivem cerca de 5,8 mil indígenas.

Embora os ianomâmi possuam grande conhecimento botânico e historicamente baseiem sua subsistência na coleta de alimentos, além da prática da pesca e da caça, sua sobrevivência vem sendo comprometida pela contaminação das águas e do solo pela prática do garimpo ilegal e pela fuga e/ou extinção da fauna pela presença dos garimpeiros. Seminômades, os ianomâmi no passado estavam sempre à procura de terras mais férteis para o cultivo. Agora, a escassez de alimentos tem causado quadros de desnutrição grave em grande escala – e não se trata somente de perda de peso acentuada, mas também da carência de vitaminas e nutrientes que, a depender do organismo, pode resultar em problemas de pele, de visão e até neurológicos. Padecendo de fome e desnutrição, neste começo de 2023 os ianomâmi têm recebido kits de alimentos contendo arroz, atum e sardinha enlatados, farinha de milho e d'água, leite integral em pó, achocolatado e sal.

Todavia, a atual ação emergencial gera dúvidas sobre como produtos industrializados e ultraprocessados podem afetar a já debilitada saúde das comunidades acudidas. Além disso, acometido de desnutrição grave, o organismo passa a trabalhar com uma carga metabólica mais baixa, de modo que, desacostumado a ingerir uma quantidade normal de alimentos, dar a ele comida demais pode ser perigoso. Ainda assim, a inserção de alimentação não natural na dieta dos indígenas, embora não seja a mais saudável e recomendada, é, no momento, a solução mais viável.

Contribuindo para a situação, a fim de fugir da fome, muitos indígenas deixaram seu território e seguiram rumo a Boa Vista, capital de Roraima, onde em geral não obtiveram nenhum tipo de assistência e passaram a morar nas ruas, desprotegidos e vulneráveis. Sem o domínio da língua portuguesa, ficaram expostos à violência estatal e social, à mendicância, ao consumo de bebidas alcoólicas e drogas ilícitas e à prostituição infantil.

Por falar em crianças, em uma vistoria realizada pela Defensoria Pública da União (DPU) em Boa Vista, uma das constatações mais chocantes foi o abandono de indígenas na Casa de Saúde do Indígena, localizada no *campus* da Universidade Federal de Roraima (UFRR). Imagens exibem crianças em situação de desnutrição grave, com costelas e coluna vertebral aparentes. Elas permanecem ali desprovidas de responsável legal, sem receber cuidados adequados e em situação de hipervulnerabilidade. Em que pese não ter sido possível realizar a identificação de quem são ou de quantos seriam esses infantes, a estimativa é de que existam ali cerca de quinze crianças indígenas em situação de abandono.

Governo Bolsonaro agrava a fome e a doença dos ianomâmi

A crise nos quadros de saúde dos ianomâmi foi se agravando no decorrer do governo Jair Bolsonaro, responsável pelo estímulo e pela tolerância à presença de cerca de 20 mil garimpeiros intrusos nas terras indígenas (demarcadas na década de 1990). A situação de desalento foi também acompanhada pela desassistência da saúde indígena em geral, que inclui a celebração de contratos com suspeita de fraude e rumores de corrupção no abastecimento de medicação básica, como vermífugos.

O ex-presidente empenhou-se em destruir pessoas e instituições em campos como o da educação, cultura, justiça, segurança e relações exteriores. Com os povos originários não foi diferente. Não resta dúvida de que houve não apenas omissão, mas uma política de aniquilamento deles em todo o país.

Agora, despertando de um verdadeiro pesadelo, tentamos retornar à normalidade. Aliás, a destruição institucional só não foi adiante no Brasil porque, de certo modo, se viu contida por construções constitucionais datadas de 1988, como as autonomias dos poderes Judiciário e Legislativo e dos estados da federação. Em que pesem seus diversos defeitos, o direito constitucional brasileiro mostrou que tem valor.

Agora nos resta pedir força aos encantados para que iluminem os caminhos deste novo governo e que nosso Brasil possa se encontrar com Pindorama, que sofre há mais de 523 anos. Como sempre dissemos, "nada sobre nós sem nós".

Mineração, desastres, Bolsonaro e a armadilha neoextrativista da esquerda

Flávia Braga Vieira

Em 25 de janeiro de 2019, o Brasil assistiu horrorizado às imagens do rompimento da barragem da mina Córrego do Feijão, de propriedade da Vale S.A., em Minas Gerais, naquele que ficou conhecido como desastre de Brumadinho. Mais de 10 milhões de metros cúbicos de rejeitos de mineração engoliram em minutos toda a mina, incluindo os escritórios da empresa e o refeitório onde almoçavam cerca de duzentas pessoas e o que mais havia pelo caminho: estradas, pontes, comboios ferroviários, guindastes, automóveis, caminhões, casas, pousadas de luxo. Nas horas, nos dias e nos meses seguintes, o filme de horror continuou em uma incansável busca por pessoas desaparecidas. Bombeiros, agentes da defesa civil, legistas, voluntários mergulharam na lama tóxica em busca de um corpo ou, pelo menos, um fragmento de corpo que pudesse trazer sossego aos desesperados corações dos familiares de 270[1] desaparecidos, a maior parte trabalhadores diretos ou prestadores de serviço

[1] Se consideradas as duas gestantes entre as vítimas, o total é de 272 vidas humanas.

da Vale[2]. Em janeiro de 2023, passados quatro anos, ainda restam três vítimas a serem localizadas. Todo o vale do rio Paraopeba espera uma reparação que possa trazer de volta a pujança econômica, cultural e social que havia antes na região. A Vale segue procrastinando o pagamento de sua dívida social e ambiental, contando com a conivência, em diferentes escalas, dos governos federal, estadual e municipais, do Judiciário e do ministério público.

Três anos antes, em novembro de 2015, outro desastre de gigantescas proporções ocorreu em barragem também de propriedade da Vale[3], no município de Mariana. O número de vítimas humanas fatais foi menor, mas os danos causados ao meio ambiente e às vidas em toda a bacia do rio Doce até hoje seguem sem justa reparação[4]. Da mesma forma que em Brumadinho, as autoridades públicas seguem negligentes com as empresas, que evitam a qualquer custo arcar com suas responsabilidades junto à sociedade brasileira.

O governo Bolsonaro e a mineração

Bolsonaro tomou posse em 1º de janeiro de 2019 e, se é verdade que não empreendeu esforços para apoiar as famílias das vítimas de Brumadinho – com sua notória insensibilidade para as causas humanitárias –, também é verdade que não pode ser diretamente culpado pelo rompimento da barragem. Entre tantas faturas que tem a saldar com a população brasileira, os recentes desastres da mineração não são parte significativa de sua dívida.

Desde o tempo colonial, a mineração no Brasil se destina substancialmente ao mercado internacional. Dessa forma, as mineradoras atuantes no Brasil flutuam seu ritmo de produção conforme os preços e demandas do mercado internacional. Segundo dados de 2020 do Instituto Brasileiro de Mineração (Ibram)[5], entre 2012 e 2018 houve uma queda continuada nos preços interna-

---

2 Ver Daniela Arbex, *Arrastados: os bastidores do rompimento da barragem de Brumadinho, o maior desastre humanitário do Brasil* (Rio de Janeiro, Intrínseca, 2022).

3 A barragem de Fundão era de propriedade da Samarco S.A., *joint venture* da Vale S.A. com a BHP Billiton do Brasil.

4 Para mais informações sobre o processo de luta por reparação nas regiões dos desastres, ver Flávia Braga Vieira, María Julia Giménez, Francine Damasceno Pinheiro, "No es por dinero, es por derechos: la matriz indemnizatoria como instrumento de participación en la lucha de las comunidades afectadas por los desastres de la minería", *Revista Interdisciplinaria de Estudios Sociales*, n. 25, 2022, p. 47-73.

5 O Ibram é uma das principais associações da indústria mineradora no Brasil, funcionando como *think tank* do setor.

cionais, notadamente do minério de ferro, de que o Brasil é o segundo maior produtor mundial. Em função disso, as mineradoras precisaram extrair volumes maiores para manter suas taxas de lucro. E, uma vez que não é possível abrir novas minas repentinamente, as empresas recorrem a processos de extração mais intensivos, lavrando em terrenos pobres de minério e, como consequência, produzindo mais rejeitos. Da mesma forma, procuram formas de diminuir custos de operação, cortando quase sempre nas salvaguardas ambientais e de segurança[6]. As barragens nas minas da Vale em Mariana e Brumadinho foram alteadas ininterruptamente ao longo dos anos anteriores aos desastres, ainda que as condições de segurança delas não fossem garantidas por técnicos, o que ficou demonstrado em muitos documentos que vieram à público após os rompimentos.

A partir de 2019, os preços internacionais de vários minerais voltaram a subir, então algumas minas pobres em minérios reduziram sua produção, ainda que os lucros das empresas continuassem a crescer de modo exponencial. De 2018 em diante, houve crescimento dos preços dos minerais metálicos e preciosos e, em particular entre 2019 e 2020, um salto no preço dos metais preciosos, gerado pelo aumento da demanda por ouro na forma monetária[7]. O valor arrecadado pelas exportações de minério cresceu, portanto, a despeito da diminuição no volume produzido[8].

Por sua vez, a conta de Bolsonaro é alta no que tange aos incentivos às atividades ilegais de devastação da natureza e dos povos. A partir do enfraquecimento de órgãos ambientais e reguladores – com cortes orçamentários para as instâncias estatais de controle e a promulgação de legislações de exceção que incentivaram práticas ilegais e ilegítimas –, estabeleceu-se a política que ficou conhecida como "passar a boiada". A expressão do ministro do Meio Ambiente

---

6 Sobre o desastre de Brumadinho, a diminuição das salvaguardas técnicas e ambientais e sua relação com a variação de preços do minério no mercado internacional, ver Rodrigo Salles P. Santos, "'Jamais o sol vê a sombra': A relação entre o ciclo de preços e o desastre estrutural de Brumadinho-MG", *Democracia e Mundo do Trabalho em Debate*, 7 mar. 2019. Disponível em: <https://www.dmtemdebate.com.br/jamais-o-sol-ve-a-sombra-a-relacao-entre-o-ciclo-de-precos-e-o-desastre-estrutural-da-vale-em-brumadinho-mg>; acesso em: 3 fev. 2023.

7 "As incertezas econômicas provocadas pela pandemia de covid-19 e a interrupção das cadeias de produção e dos fluxos financeiros nos países implicaram medidas preventivas de acúmulo de reservas monetárias em moedas metálicas." Geraldo Góes et al., "Evolução macroeconômica do setor extrativo mineral brasileiro no período 2018-2021: uma análise comparativa entre o período pré-pandêmico e o da pandemia da covid-19", Ipea, Carta de Conjuntura 57, nota 5, 4º trim. 2022.

8 Ibidem, p. 7.

Ricardo Salles tornou-se emblemática da política que beneficiou, no governo Bolsonaro, os setores mais ambientalmente destruidores, como o agronegócio e o garimpo ilegal. Os resultados dessa política foram demonstrados, ao longo de quatro anos, pelos alarmantes números de queimadas e devastação na Amazônia, e horrivelmente confirmados pelo recém-divulgado genocídio do povo ianomâmi, em Roraima.

Segundo Pablo Pires Fernandes, em matéria para o *Observatório da Mineração*, ao apagar das luzes de seu governo, e em consonância com sua política ininterrupta de apoio aos setores mais destrutivos ao meio ambiente, Bolsonaro liberou instrumentos de mercado para captação de recursos pelas mineradoras. Articulada durante os quatro anos de mandato, a Iniciativa Mercado de Minas e Energia (Imme) propõe crédito e títulos no mercado para favorecer todo o setor mais formal da mineração e o garimpo[9]. Assim, percebe-se que, mesmo não tendo sido o responsável direto pelos desastres recentes da mineração, o governo Bolsonaro operou para deixar armadas bombas que podem levar a novos rompimentos de barragem em futuro próximo. Mais que isso, com sua política econômica recessiva e financista, Jair Bolsonaro deu andamento a projetos de interesse das grandes mineradoras e dos garimpeiros ilegais, aprofundando o autoritarismo e a destrutividade do setor.

Se o novo governo Lula quiser se livrar desta herança maldita, precisará reconhecer as contradições do modelo extrativista que foi adotado em seus primeiros governos e que, em certa medida, teve continuidade no governo Bolsonaro.

O governo Lula e as possibilidades de romper com a armadilha neoextrativista

Durante os treze anos em que o PT governou o país, muito se debateu sobre a política econômica neodesenvolvimentista e/ou neoextrativista[10], ado-

---

[9] Pablo Pires Fernandes, "Como último ato de governo, Jair Bolsonaro aprofunda a financeirização e especulação do setor mineral", *Observatório da Mineração*, 28 dez. 2022. Disponível em: <https://observatoriodamineracao.com.br/como-ultimo-ato-de-governo-jair-bolsonaro-aprofunda-a-financeirizacao-e-especulacao-do-setor-mineral>; acesso em: 3 fev. 2023.

[10] Para mais informações, ver Alberto Acosta, "Extractivismo y neoextractivismo: dos caras de la misma maldición", em *Grupo permanente de trabajo sobre Altenativas al Desarrollo. Más Allá del desarrollo* (Quito, Fundación Rosa Luxemburgo, 2011); Henri Acselrad et al., "Neoextrativismo e autoritarismo: afinidades eletivas", *Antropolítica – Revista Contemporânea de Antropologia*, n. 53, 2021; Eduardo Gudynas, "Diez tesis urgentes sobre el nuevo extractivismo", em CAAP e CLAES, *Extractivismo, política y sociedad* (Quito, Centro Andino de

tada tanto no Brasil quanto em outros países da América Latina. Ainda que os autores de referência na temática apresentem nuances quanto à definição do modelo que a onda progressista latino-americana implementou no continente, há alguns consensos e definições gerais.

De forma geral, o neoextrativismo é um modelo de desenvolvimento baseado na exploração intensiva de recursos naturais que compõem cadeias produtivas pouco diversificadas e de baixo valor tecnológico agregado. A comercialização dos recursos naturais insere as economias nacionais no mercado internacional de forma subordinada. Até aí, o neoextrativismo é mera continuidade do modelo agroexportador vivenciado no continente desde o período colonial. A diferença maior na contemporaneidade aparece no papel desempenhado pelo Estado, que, além de indutor do modelo, se apropria de parte da riqueza gerada para certa redistribuição nacional, por meio de programas sociais, de emprego e renda, que lhe conferem legitimidade política[11].

Nesse sentido, os governos Lula e Dilma (2003-2016) incentivaram setores econômicos como o agronegócio e a mineração. E esse incentivo lhes permitiu, por alguns anos, cumprir uma agenda social que melhorou a vida de parcelas expressivas da população mediante o acesso a programas sociais, geração de emprego formal e aumento continuado do salário mínimo e da massa salarial como um todo. Ao mesmo tempo, os efeitos nocivos dessa política econômica foram sentidos na pauta ambiental e, em particular, na vida de grupos sociais vulneráveis e diretamente afetados pelo neoextrativismo, como indígenas, quilombolas, ribeirinhos, camponeses. O rompimento das barragens em Minas Gerais, ao fim daquele ciclo, é a prova cabal do efeito perverso que militantes e pensadores críticos havia muito denunciavam. Ainda que não seja possível

---

Acción Popular/Centro Latino Americano de Ecología Social, 2009); Eduardo Gudynas, "O novo extrativismo progressista na América do Sul: teses sobre um velho problema sob novas expressões", em Philippe Léna e Eliane Pinheiro do Nascimento, *Enfrentando os limites do crescimento: sustentabilidade, decrescimento e prosperidade* (Rio de Janeiro, Garamond/IRD, 2012); Maristela Svampa, "Extrativismo neodesenvolvimentista e movimentos sociais: um giro ecoterritorial rumo a novas alternativas?", em Gerhard Digler, *Descolonizar o imaginário: debates sobre pós-extrativismo e alternativas ao desenvolvimento* (São Paulo, Fundação Rosa Luxemburgo, 2016); também de Maristela Svampa, *As fronteiras do neoextrativismo na América Latina: conflitos socioambientais, giro ecoterritorial e novas dependências* (São Paulo, Elefante, 2019); e de Bruno Milanez e Rodrigo Salles Pereira dos Santos, "Neodesenvolvimentismo e neoextrativismo: duas faces da mesma moeda?", *Encontro Anual da ANPOCS*, Caxambu, 2013.

[11] Eduardo Gudynas, "Diez tesis urgentes sobre el nuevo extractivismo", cit., e "O novo extrativismo progressista na América do Sul", cit.; e Eliane Pinheiro do Nascimento, *Enfrentando os limites do crescimento*, cit.

afirmar que houve uma deliberada política de destruição do meio ambiente e das comunidades durante os governos do PT, o que de fato se verificou foi a criação de mecanismos e práticas que permitiram as agressões e deixaram solo fértil para a política genocida implementada na sequência por Bolsonaro.

Felizmente, mesmo que naquele período o petismo não tenha analisado as contradições a que estava submetendo o país, parece que, no ciclo que se inicia em 2023, algumas mudanças estão no horizonte. A criação do Ministério dos Povos Originários, o olhar atento ao tema ambiental e, em particular, da mudança climática[12], parecem indicar uma inflexão na postura anterior.

Para não repetir os erros do passado

Será necessário um conjunto de políticas muito objetivas para que erros anteriores não se repitam e as bombas armadas pelo governo anterior não explodam nas mãos de Lula. Muitas são as medidas que poderiam ser enumeradas, mas, no tema da mineração, dos desastres e da proteção socioambiental há pelo menos dois objetivos. O primeiro é o fortalecimento imediato das instituições de controle, fiscalização e regulação das atividades extrativistas e do agronegócio. Para tanto, além de recomposição dos orçamentos e das condições de trabalho dos órgãos de estado, é preciso revogar as medidas que foram adotadas ao longo do governo Bolsonaro, como pacotes, decretos, portarias e leis de fragilização da proteção ambiental. As mudanças institucionais deverão, para obter sucesso, vir acompanhadas de processos de debate e participação junto à sociedade civil organizada, especialmente com os povos e comunidades diretamente afetados pela devastação ambiental da mineração.

Por fim, é preciso que o novo governo Lula pague a dívida social do Estado brasileiro com as populações atingidas pelo desenvolvimento capitalista histórico e pelo neoextrativismo dos últimos vinte anos. Em particular, é preciso um processo de reparação integral dos direitos humanos violados pelos desastres de Mariana e Brumadinho. A reparação é necessária para a construção de projetos de vida para as famílias e as comunidades atingidas e, mais ainda, para que as mineradoras não cometam outros crimes desta natureza e o Estado brasileiro

12 Em novembro de 2022, antes mesmo de tomar posse, Lula participou da cúpula da Conferência das Nações Unidas sobre a Mudança do Clima (COP 27-ONU), que trata dos impactos das mudanças climáticas e das ações globais relacionadas à preservação do meio ambiente e à descarbonização. Além do discurso conferido no evento, o presidente tem repetido, em diversas ocasiões, sua preocupação com a proteção ambiental e dos povos originários e tradicionais.

nunca mais se omita nem propicie que isso se repita. A luta por direitos humanos, por memória, verdade e justiça na América Latina nos ensinou, desde o fim das ditaduras militares em nosso continente, que é preciso reparar para que não se esqueça, para que nunca mais aconteça.

Economia do governo Bolsonaro: os grandes vencedores

Sofia Manzano

O alívio causado pela derrota de Bolsonaro nas eleições de 2022 e a posse de um terceiro governo Lula, acompanhado pelos expoentes da política de direita do país, não pode afrouxar as expectativas de luta política para fazer avançar os interesses da classe trabalhadora, especialmente dos mais pobres e miseráveis. No entanto, mesmo com seu rastro de destruição, o período que se encerra não deixou de ser muito bem-sucedido em relação aos interesses das frações da classe dominante que o sustentaram.

Os dados macroeconômicos preliminares sobre os quatro anos do governo Bolsonaro retratam um dos piores desempenhos na comparação internacional[1]. Entretanto, não devemos analisar o período apenas a partir de dados como PIB, desemprego, inflação, contas públicas, juros, investimentos, entre outros, pois, a despeito de retratarem a trágica realidade do governo que implementou

---

[1] FMI, *World Economic Outlook*, 2022. Disponível em: <https://www.imf.org/en/Publications/WEO/Issues/2022/10/11/world-economic-outlook-october-2022>; acesso em 25 jan. 2023.

a política econômica mais ultraliberal das últimas décadas, os pífios resultados que os indicadores apresentam escondem as vitórias que alguns setores da classe dominante obtiveram.

Enquanto milhões de pessoas morreram na pandemia, com o avanço da miséria, da fome e da degradação das condições de existência dos mais pobres e vulneráveis, dois setores da burguesia interna associada aos interesses do capital internacional obtiveram ganhos imediatos e estruturais que consolidaram ainda mais sua posição nas relações sociais de produção e permanecem como desafios para quem pretende enfrentá-los. Essas duas frações burguesas se localizam no setor financeiro e no setor primário exportador, especialmente o agronegócio.

Este artigo pretende apresentar um balanço inicial do governo Bolsonaro, herdeiro direto do governo golpista de Michel Temer, na perspectiva de consolidação do bloco no poder[2] e das frações da classe dominante que saíram vencedoras no cenário da luta de classes e permanecem o maior desafio para da classe trabalhadora brasileira.

O rentismo financeiro se expande

Não foi nos últimos anos que o rentismo financeiro se consolidou no país. Desde as mudanças estruturais do governo FHC, que estabeleceram as bases de um neoliberalismo financeirizado, atravessando todos os governos petistas do início do século que promoveram superávits primários e mantiveram a política macroeconômica anterior, ao gosto e exigência desse setor, temos presenciado a consolidação da transferência da riqueza por meio de uma política fiscal contracionista e concentradora de renda.

A Lei de Responsabilidade Fiscal (LRF)[3] foi um dos primeiros mecanismos de interesse do setor financeiro a serem implantados. Permitiu a paulatina redução da participação do Estado na oferta de serviços sociais, pois, ao limitar de forma rígida os gastos públicos com pagamentos dos servidores, dinamizou o processo de mercantilização desses serviços, transferindo ao setor privado as estruturas de atendimento, como se poder verificar nas parcerias público-privadas (PPPs) no SUS, em diversas áreas da cultura, na gestão de equipamentos públicos etc.

---

[2] Nicos Poulantzas, *Poder político e classes dominantes* (trad. Maria Leonor F. R. Loureiro, Campinas, Editora da Unicamp, 2019).

[3] Lei de Responsabilidade Fiscal (Lei Complementar n. 101). Disponível em: <http://www.planalto.gov.br/ccivil_03/leis/LCP/Lcp101.htm>; acesso em: 25 jan. 2023.

Enquanto a economia cresceu e o Estado pode equacionar superávits primários com expansão dos gastos públicos em políticas públicas assistenciais, os agentes do setor financeiro aproveitaram a dupla vantagem do período, ou seja, consolidaram o rentismo ancorado na dívida pública e expandiram o mercado de capitais principalmente nos setores em que o Estado abriu a passagem, tais como nas empresas públicas estratégicas e nas PPPs. Entretanto, com o esgotamento precoce (e esperado) desse modelo de concentração de renda com benefícios sociais aos mais pobres, a crise decorrente levou os setores da classe dominante ao golpe contra a ex-presidenta Dilma. Em seguida, houve mudanças institucionais para dar continuidade e aprofundar o modelo de exploração capitalista brasileiro.

Na perspectiva do capital, toda crise de acumulação pode ser enfrentada com medidas que acirram a exploração do trabalho vivo, transferências ainda maiores de recursos públicos por meio da política fiscal, expropriação de ativos não capitalizados e ampliação da mercantilização da vida social. O golpe, o governo Temer e, mais ainda, o governo Bolsonaro operaram o trabalho necessário a essas frações burguesas.

A Emenda Constitucional n. 95/2016, que estabeleceu o teto de gastos, aprofundou as possibilidades de transferência de recursos públicos para o setor privado, especialmente ao mercado financeiro. Já a reforma da previdência, ao mesmo tempo que contribuiu para desobrigar o Estado com gastos públicos, atua muito mais em linha com a reforma trabalhista, ou seja, impacta as condições de exploração da classe trabalhadora.

Ainda no que diz respeito aos interesses imediatos da fração rentista/financeira da burguesia interna, a expansão do mercado de capitais e a gestão privatista das empresas estatais merecem atenção especial na compreensão do período. Não apenas a privatização de empresas estratégicas, como a Eletrobras e a Liquigás, a BR Distribuidora, refinarias e diversos campos de exploração do pré-sal com as decisões da direção da Petrobras de praticamente liquidar a empresa "por dentro". Com o programa de "desinvestimento" da empresa no governo que se encerrou em 2022, a Petrobras vendeu, sempre com valores bastante questionáveis, mais de sessenta ativos, incluindo a Gaspetro, gasodutos, terminais, termelétricas e usinas eólicas. Ao mesmo tempo, a política de preços praticada pela empresa, ao atrelar o preço interno dos combustíveis e derivados aos preços de importação, com uma estrutura de custos interna em queda e ampliação da produção decorrente dos investimentos nos campos do pré-sal, propiciou à Petrobras apresentar recordes de lucratividade.

Mesmo considerando o equívoco do preço da paridade internacional (PPI) e seu impacto na inflação, constatar o crescimento do lucro da empresa era esperado em razão dos investimentos gigantes operados, ainda no governo Dilma, para a exploração estratégica do pré-sal. Entretanto, a nova gestão operada por Bolsonaro e Guedes na direção da estatal demonstrou que os objetivos eram de reduzir a empresa e desmontá-la por dentro. A distribuição dos dividendos aos acionistas privados, nacionais e internacionais, aponta a ação deletéria e o objetivo destrutivo desse governo. Nenhuma empresa capitalista pode, a não ser que esteja sendo roubada, distribuir aos acionistas todo, ou quase todo, o lucro obtido.

Em 2021, diante de um lucro de 106 bilhões de reais, a Petrobras distribuiu mais de 101 bilhões de reais aos acionistas. Em 2022, a espoliação da empresa foi ainda maior com a distribuição de mais de 180 bilhões de reais em dividendos. Vale lembrar que, no Brasil, não se paga imposto sobre a renda advinda de lucros e dividendos. Ou seja, os rentistas financeiros têm também na Bolsa de Valores um espaço de valorização especialmente vantajoso.

O agronegócio e a expropriação primitiva

Em *O capital*, Marx demonstra os mecanismos de acumulação primitiva de capital e enfatiza a necessidade da "produção" de um trabalhador "livre" mediante a separação deste de seus meios de produção, a fim de que a relação social capitalista possa se consolidar, ou seja, a apropriação privada dos meios de produção pela burguesia e a constituição de um proletariado pronto a vender sua força de trabalho. Entretanto, ao descrever o processo pelo qual essa transformação histórica se dá na Inglaterra do século XVII parece, para nós brasileiros neste início do século XXI, a descrição de acontecimentos corriqueiros e transmitidos pelos telejornais noturnos.

Em primeiro lugar, o autor destaca que, "na história real, como se sabe, o papel principal [da acumulação primitiva] é desempenhado pela conquista, a subjugação, o assassínio para roubar, em suma, a violência". Em seguida, alerta que "a expropriação da terra que antes pertencia ao produtor rural, ao camponês, constitui a base de todo o processo. Sua história assume tonalidades distintas nos diversos países e percorre as várias fases em sucessão e em diferentes épocas históricas"[4].

Destacamos essas passagens, mas poderíamos seguir toda a pesquisa de Marx para entender o processo de acumulação primitiva de capital na Inglaterra e perceber como ela se dá mesmo hoje, nos estertores do capitalismo monopolista

---

[4] Karl Marx, *O capital. Crítica da economia política*, Livro I: *O processo de acumulação de capital* (trad. Rubens Enderle, São Paulo, Boitempo, 2011), p. 789-90.

e financeirizado, sobretudo nesta parte dependente e subordinada do planeta. O peculiar de nosso tempo é que esse processo está sob o comando da fração da classe dominante que, no Brasil, tem hoje o poder de dirigir as relações sociais tanto na esfera econômica propriamente dita quanto por seu domínio das estruturas políticas, institucionais, simbólicas e culturais. Tratamos aqui da fração burguesa que comanda o agronegócio.

O leitor não acostumado com a lógica dialética pode objetar que o agronegócio brasileiro, tão integrado às práticas mais "modernas" – tanto da esfera dos negócios, imbricados com os instrumentos mais sofisticados da esfera financeira e da órbita do capital fictício, quanto dos usos de tecnologias de ponta e avanços genéticos –, não pode ser o responsável e operador do processo mais primitivo de expropriação e o arauto da barbárie. Mas ele pode.

O agronegócio corresponde a todas as atividades e operações de produção e circulação de *commodities* agrícolas e se estende até a indústria de semiprocessados e alimentos ultraprocessados.

Durante o governo Bolsonaro, esse setor ampliou de modo significativo seu espaço político e econômico. O crescimento dos níveis de desmatamento da Amazônia, ao mesmo tempo que provoca a comoção internacional de ambientalistas legitimamente preocupados com as questões climáticas e ambientais, não desvela, por si só, a tragédia que o agronegócio impõe ao país e o espaço que obteve nos tempos de bolsonarismo. Lembremos os decretos para liberação de armas e munições, bem como de agrotóxicos e produtos químicos, mas principalmente a invasão de terras públicas, das populações indígenas e dos povos originários e tradicionais, assassinatos de lideranças dessas populações, de pequenos produtores rurais e demais ativistas.

Ao mesmo tempo, verifica-se o crescimento dos aparatos privados de hegemonia do setor atuando em todas as frentes, como a Associação Brasileira do Agronegócio (Abag), a Frente Parlamentar do Agronegócio e mais de cinquenta associações nacionais e regionais. De acordo com o Instituto Pensar Agropecuária (IPA), *think tank* agressivo do agronegócio que atua junto aos três poderes, a regularização fundiária, o marco legal ambiental, as relações de trabalho "verde e amarela", a demarcação das terras indígenas, o Plano Safra e a tributação, entre outros[5], fazem parte da agenda atendida pelo governo Bolsonaro.

Na esfera tributária, a Lei Kandir (Lei Complementar n. 87/96), que isenta de ICMS os produtos primários, semielaborados e serviços exportados, ao

---

5 Sobre o *think tank* Instituto Pensar Agropecuária (IPA), ver <https://www.pensaragro.org.br/historia-do-ipa/>; acesso em: 25 jan. 2023.

mesmo tempo que atrela a produção agrícola brasileira ao mercado internacional, inclusive na formação dos preços, desincentiva o adensamento das cadeias produtivas e a agregação de valor por meio da industrialização[6]. O Imposto Territorial Rural (ITR) – tributo sobre a propriedade que, portanto, deveria ser objeto de atenção para quem deseja uma política tributária progressiva – é o tributo federal com menor importância tanto arrecadatória como regulatória, uma vez que, em teoria, ele também deveria cumprir essa função. Por ser autodeclaratório, não tem suas regras e métricas ajustadas desde os anos 1980 e conta com a resistência ativa da FPA contra qualquer alteração.

Na perspectiva dos interesses da classe trabalhadora, diante dos mecanismos de exploração do trabalho, expropriação das riquezas e domínio político das estruturas do Estado por parte, sobretudo, dessas duas frações burguesas, cabe àqueles que lutam por medidas imediatas e aos que estão nas trincheiras da emancipação socialista atentar para a necessidade dos enfrentamentos principais. Vale dizer, revogar a LRF e o teto de gastos, pondo fim à hegemonia da política fiscal do interesse do capital financeiro; revogar as contrarreformas trabalhista e previdenciária, fortalecendo os direitos dos trabalhadores com redução da jornada de trabalho sem redução salarial, fim da demissão imotivada e o arbítrio patronal no interior dos ambientes de trabalho, ampliação e reformulação dos instrumentos de representação e organização sindical etc.; reforma tributária que incida sobre grandes fortunas e bens de luxo, lucros e dividendos, operações do agronegócio e da extração mineral para exportação, bem como sobre a propriedade rural; transmissão de heranças e acúmulo de propriedades territoriais improdutivas, sejam rurais ou imóveis urbanos; redução da tributação indireta e sobre a renda da classe trabalhadora.

---

6 De acordo com as compensações estabelecidas aos Estados por conta da Lei Kandir, pode-se estimar em mais de R$ 40 bilhões anuais de isenções de impostos. Ver "Comissão fixa em 39 bilhões de reais a compensação anual a estados por prejuízos da Lei Kandir", *Senado Notícias*, 15 maio 2018. Disponível em: <https://www12.senado.leg.br/noticias/materias/2018/05/15/comissao-fixa-em-r-39-bi-a-compensacao-anual-a-estados-por-prejuizos-da-lei-kandir>; acesso em: 25 jan. 2023.

Os desafios da luta política no Brasil

Carlos Eduardo Martins

O golpe de 2016 foi produto da aliança entre liberais e fascistas, sob a liderança dos primeiros, para desmontar os avanços populares que vinham se estabelecendo nos governos petistas, como a elevação do salário mínimo, a ampliação do emprego formal e do emprego público e a expansão dos gastos em educação, cultura, ciência e tecnologia, assistência, saneamento básico e habitação. Tal engrenagem associou-se, ainda, às políticas de apoio à indústria no BNDES e criou as condições para o restabelecimento dos movimentos sindicais e estudantis. Os servidores públicos da educação e os estudantes cumpriram papel de vanguarda e colocaram em questão as políticas de superávits fiscais que alimentavam o rentismo, criando uma ofensiva ideológica e cultural por um combate mais contundente à pobreza e pela distribuição de renda.

A crise dos fundamentos neoliberais da economia brasileira, impulsionada pelo fim do *boom* das *commodities* e do ciclo de entrada de capitais estrangeiros, somou-se à ambiguidade do governo Dilma diante da ofensiva política dos movimentos sociais. Sua escolha pelas políticas de austeridade para restabelecer a confiança do grande capital, em vez de apoiar-se nas massas para romper com a herança neoliberal, derrubou drasticamente sua popularidade no primeiro semestre do segundo mandato e abriu espaço político para a articulação do golpe. Tal coalizão reuniu as principais frações burguesas do agronegócio, da indústria, do comércio, das comunicações e do setor de serviços, mobilizando uma base de massas representada principalmente pela pequena burguesia e as camadas médias.

O governo Temer e sua articulação política no Congresso apoiaram-se no programa "Uma ponte para o futuro" (2015) para estabelecer uma cruzada pelo desmonte das políticas sociais, de ciência e tecnologia, educação, cultura, industrialização, desenvolvimento, soberania e integração do país na América Latina, no Caribe e no Sul Global. Essas políticas, ainda que tivessem avançado de forma moderada nos governos petistas, geraram uma base de massas embrionária de sustentação, com grande potencial de expansão. Tratar-se-ia de implementar uma nova economia política no país, a qual sacrificasse o desenvolvimento para garantir o controle político sobre o Estado. Ela deveria impor uma recessão estrutural prolongada e altos níveis de desemprego para desbaratar a articulação e a ofensiva dos movimentos sociais, abrir oportunidades de negócios ao grande capital e reinserir o país na ordem internacional, subordinando-o aos interesses dos Estados Unidos.

Temer aprovou emenda constitucional com o objetivo de congelar os gastos públicos primários por vinte anos; uma reforma trabalhista por projeto de lei, retirando e flexibilizando direitos sociais dos trabalhadores; e uma reforma do ensino médio, simplificando a grade curricular e restringindo o pensamento crítico, ao excluir sociologia e filosofia como disciplinas obrigatórias. Desmontou a política industrial, restringiu os desembolsos e eliminou o crédito subsidiado do BNDES, limitou os gastos em ciência e tecnologia, substituiu o regime de partilha pelo de concessão para exploração do pré-sal, suspendeu a participação da Venezuela no Mercosul e a do Brasil na União das Nações Sul-americanas (Unasul).

Os principais líderes do golpe de 2016 imaginavam restaurar o controle do PSDB, DEM e PMDB (atual MDB) sobre o governo federal com a cassação dos direitos políticos de Lula e o ataque midiático e judicial contra o PT. O apelo à mobilização de massas de natureza fascista seria curto, mas seu legado institucional, duradouro, criminalizando as políticas sociais e o principal líder popular brasileiro. Entretanto, a eleição de 2018 apresentou resultados surpreendentes: as candidaturas que eles apoiaram falharam estrepitosamente. O neoliberalismo não era popular. Apenas se viabilizava em termos eleitorais se subordinado à mobilização do ódio contra exclusão social e concentração da propriedade, cuja responsabilidade era atribuída pelo poder econômico, midiático e jurídico à "corrupção sistêmica" dirigida pelas esquerdas. A eleição de

Jair Bolsonaro inverteu o comando da aliança e deu protagonismo ao fascismo. Bolsonaro representa os setores das Forças Armadas que, herdeiros de Sylvio Frota, não se conformaram com a redemocratização e amarraram o fascismo ao neoliberalismo e à liderança da direita norte-americana, esvaziando seu conteúdo nacionalista.

Jair Bolsonaro selou o pacto com o neoliberalismo radical ao apontar Paulo Guedes como superministro, o que lhe garantiu amplo apoio empresarial. Diante da crise dos fundamentos neoliberais e do crescimento acelerado da dívida pública, abriu novas fronteiras de acumulação, além de aprofundar a desnacionalização, a destruição de direitos sociais e as políticas de austeridade. Impulsionou a internacionalização financeira aprovando a autonomia do Banco Central e o novo marco cambial que desregulamenta a legislação e abre o espaço para a desnacionalização do sistema bancário e a dolarização da economia brasileira. Desmontou a fiscalização garantidora da posse das terras indígenas e da aplicação da legislação ambiental, permitindo o avanço do extrativismo, da pecuária e do agronegócio, o que elevou significativamente seu peso no PIB e ampliou de forma dramática as taxas anuais de desmatamento, incêndios florestais e contaminação de rios. Aprofundou os cortes orçamentários no BNDES e a desindustrialização, revogou a política de aumentos reais do salário mínimo, impôs nova reforma da previdência, reduziu gastos sociais em educação, ciência e tecnologia, estabeleceu política de saúde desastrosa responsável pela morte de 400 mil brasileiros no primeiro ano da pandemia de covid-19 – foram quase 700 mil mortos no total – e reduziu o contingente e os salários reais dos servidores públicos civis da administração direta e indireta.

Brasil sob Bolsonaro: desastre diplomático e econômico

A política externa de Jair Bolsonaro alinhou o Brasil à extrema direita internacional liderada por Donald Trump. Pretendeu estabelecer um subimperialismo títere e de cócoras, sem força própria, buscando favores internacionais em função do grau de submissão que ofereceu. Abandonou a Comunidade de Estados Latino-americanos e Caribenhos (Celac), congelou repasses ao Novo Banco de Desenvolvimento do Brics, defendeu a redução da tarifa externa comum no Mercosul, criou incidentes diplomáticos com os governos sul-americanos, hostilizou a China ao acusá-la de difundir a covid-19, impôs contenciosos ambientais e pessoais com a União Europeia, em particular com a França de Macron, inseriu o Brasil no Grupo de Lima – que fracassou em sua tentativa de depor Nicolas Maduro – e vinculou o país ao sionismo de

Israel, colocando em risco as relações com comunidade árabe internacional. Em relação à política energética, Bolsonaro aprofundou a desnacionalização e a desindustrialização da Petrobras para favorecer os acionistas estrangeiros em detrimento dos interesses nacionais. Encareceu os preços internos dos combustíveis, dolarizando-os com a política de paridade internacional, e inflou artificialmente os balanços contábeis da companhia com a venda de refinarias, polos petroquímicos e gasodutos, ampliando a importação e o déficit cambial em derivados de petróleo.

O governo Bolsonaro buscou promover a liderança de uma tecnoburocracia estatal e de setores da burguesia que ocuparam posições decisórias secundárias no bloco burguês-liberal, financeiro, industrial e midiático que hegemonizou a sociedade civil e o controle estatal durante a Nova República. A perda de parte da liderança desse bloco para o movimento popular e as esquerdas, durante os governos petistas e a onda progressista na América Latina, o fracionou internamente, garantindo base de apoio parlamentar e burguesa a Bolsonaro. Entretanto, os setores mais tradicionais, cosmopolitas e transnacionalizados do grande capital passaram a lhe impor resistências cada vez maiores, temerosos de que o esvaziamento do liberalismo político limitasse a autonomia da sociedade civil burguesa diante do Estado e implicasse um preço político incalculável. Diante da incapacidade de gerar uma liderança própria, recuaram da cassação dos direitos políticos de Lula e aceitaram um pacto político com o PT.

Bolsonaro obteve o respaldo de setores médios e de frações burguesas que não tinham ainda capacidade de exercer o protagonismo de forma independente na sociedade civil burguesa. Ele pode, assim, apoiar-se em setores majoritários do agronegócio, do comércio varejista, nas empresas religiosas neopentecostais, em segmentos não hegemônicos do monopólio midiático, como o SBT e a Record, e em frações sindicais expressivas, mas não majoritárias, da Fiesp. Esses segmentos apoiaram o patrimonialismo e o monopólio político para usufruírem de uma ascensão nas hierarquias de poder que só o fascismo lhes poderia garantir. Recebeu também o apoio logístico e financeiro da extrema direita internacional. Ao mesmo tempo, Bolsonaro sofreu a oposição da Globo, da Febraban, da Fiesp e da Igreja católica, interessadas em conservar e retomar posições hierárquicas. No plano internacional, recebeu o rechaço do liberalismo internacional comprometido com a questão ambiental para evitar a competição espúria e das forças que impulsionam o multilateralismo.

O governo Lula e as contradições da frente ampla

O governo Lula inicia-se como resultado de uma frente ampla antifascista com importantes contradições em seu seio. O movimento popular, que garantiu sua eleição nas ruas, aspira desmontar a estrutura neoliberal que amarra o Estado brasileiro e o impede de realizar seus compromissos com o desenvolvimento econômico e social, a democracia política e cultural, a soberania nacional, a integração latino-americana, a redução das desigualdades, a superação da miséria e da pobreza e o empoderamento coletivo e individual de nosso povo. A criação de uma justiça de transição, o desbaratamento da ala fascista de nossas Forças Armadas, a democratização das comunicações, a superação do rentismo, o estabelecimento de uma reforma tributária progressiva que viabilize um Estado capaz de oferecer os serviços públicos necessários à população brasileira, a realização de uma reforma agrária que promova a soberania e a seguridade alimentar, a valorização do salário mínimo e o pleno emprego são aspirações das amplas maiorias de nossa população e sofrerão, em maior ou menor grau, a resistência dos setores liberais interessados em manter seus privilégios e comprometidos com o capitalismo dependente e suas mazelas históricas, como a superexploração da força de trabalho e da natureza.

Entretanto, os segmentos liberais e tradicionais do grande capital não têm a mesma margem de manobra que detinham durante a Nova República (1985-2016), quando mantinham a ala fascista sob controle, subordinada a sua liderança. Isso lhes retira parte da autonomia e amplia a margem de manobra do petismo para exercer sua hegemonia. O cenário torna-se bastante favorável para estabelecer uma justiça de transição que puna e desbarate a ala fascista no país, uma vez que o respaldo popular que ela ainda detém está impedindo a reconstrução da direita sob padrões mais moderados e liberais. Todavia, qualquer vitória sobre o fascismo só terá raízes profundas se avançar em políticas que melhorem a qualidade de vida e promovam a afirmação de nosso povo. Só assim o ódio das massas poderá ser ultrapassado pelo restabelecimento da crença no Estado e nas instituições. Cabe às esquerdas aproveitarem a fratura política entre liberais e fascistas, cenário inédito desde o golpe de 1964, para tomar a iniciativa, pautar a agenda e fazer avançarem suas bandeiras.

2
Balanços das eleições

20
NOV
MARIELLE
LULA LIVRE

Interessa ao conjunto da classe trabalhadora um governo de união nacional? Impasses e perspectivas

Milton Pinheiro

As disputas de força no processo conjuntural brasileiro da pré-eleição definiram balizas consistentes para ordenar a gerencialização da vida política e institucional, ao mesmo tempo que estabeleceram significativas amarras para o funcionamento do Estado. Essas pontes para o atraso foram aceitas de forma confortável pelo candidato da social-democracia tardia e seu complexo campo de apoio político: do PSOL (mesmo com protestos internos) aos círculos reacionários que têm como estratégia recompor o novo bloco do poder. Do ponto de vista dos interesses populares, são pontes que se ligam aos movimentos da imprevisibilidade e, para alguns analistas, são referenciadas em comportamentos eleitorais, a exemplo do que saiu das urnas em 2018[1] e do resultado das eleições de 2022.

---

1 Jairo Nicolau, *O Brasil dobrou à direita: uma radiografia da eleição de Bolsonaro em 2018* (Rio de Janeiro, Zahar, 2020).

A disputa eleitoral, mesmo com todas as dificuldades para enfrentar a mentira como instrumento de poder, abriu comportas para se compreender o que é a política brasileira. Temos um confronto central entre a extrema direita, com presença de massas, *versus* uma ampla articulação democrático-liberal cujo principal aspecto de sustentação é uma fraseologia de corte moral. Integrados a esses campos, temos na primeira conformação a extrema direita golpista, massas de delinquentes com conotação terrorista, frações da burguesia interna consorciada ao imperialismo (agronegócio em especial), o partido fardado (Forças Armadas), segmentos da mídia corporativa, o balcão de negócios do parlamento e forças policiais autonomizadas no processo institucional. Na difusa articulação democrático-liberal, agrupam-se a social-democracia tardia, o neodesenvolvimentismo político herdeiro da Segunda Internacional (com seu viés anacrônico), frações burguesas sedentas por espaço em um novo bloco de poder, oportunistas de esquerda e sua visão entrista e as organizações sociais da política. No entanto, sabemos ainda que existe um campo da esquerda revolucionária mesmo sem protagonismo na centralidade dessa disputa.

O resultado eleitoral derrotou o governo de extrema direita, mesmo ele tendo uma base de massas delinquente e ativa. O governo de destruição do Estado, negacionista, obscurantista e ideologicamente antissocial não teve seu mandato renovado. Contudo, diante de tamanha destruição, como obteve a imensa votação? Esse fenômeno precisa ser analisado de forma totalizante, ou seja, levando-se em consideração as diversas variantes do processo.

A vitória, mais uma vez, da coligação burgopetista demonstra que a bifurcação da política brasileira e do complexo da luta de classes está longe de colocar na contradição principal a disputa entre capital e trabalho. A centralidade da crise brasileira ainda é operada pela disputa entre a extrema direita *versus* a vaga articulação democrático-liberal. Esses impasses da democracia formal se mantêm de longe na conjuntura[2], e ainda será preciso muito trabalho de base e organização política para que o campo proletário e popular possa entrar em cena com ação protagonista.

Não obstante essa possibilidade, existe a variante de que uma fissura pode ser projetada para o futuro, contribuindo ainda mais para prejudicar os interesses da classe trabalhadora. Ou seja, se o governo que agora tomou posse claudicar, sobretudo do ponto de vista das questões econômicas e sociais, as massas rumarão à direita. As pistas da história nos informam que por onde os

---

2 Leonardo Avritzer, *Impasses da democracia no Brasil* (Rio de Janeiro, Civilização Brasileira, 2016).

governos da conciliação social-democrata passam, logo em seguida a direita se apresenta como opção de salvação nacional. A disputa para confirmação desse cenário está em aberto[3].

A composição do "novo" governo burgopetista, embora contenha importantes ilhas de representação social, é majoritariamente formado por blocos oligarcas, mercado financeiro, forças políticas que representam o balcão de negócios do parlamento, o agronegócio, frações da burguesia interna, caserna golpista (intocável) e até representação da escória miliciana da Baixada Fluminense. Qual será o eixo de ação desse governo diante de tantas amarras? A história recente nos permite avaliar, após o golpe de 2016[4], que a conciliação burgopetista, em sendo rearticulada, é um forte instrumento que poderá nos mover para uma nova derrota, agora aprofundando seu caráter estratégico.

O roteiro da marcha fascista (verde-amarela) sobre Brasília

As falanges bolsonaristas de caráter fascista têm operado em etapas. O que significaram os atos do dia 12 de dezembro de 2022? Sem dúvida foram ações organizadas de conotação terrorista que tinham por objetivo levantar os quartéis e as polícias para uma empreitada de exceção na vida política brasileira. Está nítido que existe um vínculo entre a extrema direita delinquente e as lideranças militares. A leniência com que essas falanges fascistas foram tratadas nas portas dos quartéis, em espaço da chamada área de segurança nacional, é uma comprovação simbólica da articulação dos comandantes militares (com sua formação arcaica do ponto de vista político e ideológico) e esses agrupamentos neofascistas.

O dia 8 de janeiro de 2023 foi marcado como o segundo passo concreto, com toda a simbologia, no sentido de consolidar uma logística golpista em movimento. O caos organizado dessa etapa tinha uma razão de ser: demonstrar quão frágil é o muro de contenção da democracia formal, sabendo que seus aparatos de defesa estão ideologicamente contaminados pela presença da extrema direita no aparelho de Estado. Enquanto teste de força, a marcha fascista, e todo o processo de destruição da estrutura física dos poderes da República, teve importância decisiva para inspirar falanges fora do eixo de Brasília e estruturas paramilitares para outros movimentos dessa articulação em curso.

---

[3] Milton Pinheiro, Edmilson Costa e Mauro Iasi, *O fogo da conjuntura* (São Paulo, Instituto Caio Prado Jr., 2021).

[4] Felipe Demier, *Depois do golpe: a dialética da democracia blindada no Brasil* (Rio de Janeiro, Mauad X, 2017).

O que ocorreu nessa etapa deverá acalentar outras marchas golpistas pelo Brasil. Nesse sentido, ela foi vitoriosa. Essa tática movimenta uma estrutura terrorista que precisa ser enfrentada. O fascismo cotidiano é um império ainda não confrontado no Brasil, e por trás dessa articulação ideológica existe todo um aparelho político de classe. É importante entender que esse foi o segundo ato de uma peça prenunciada – outros movimentos dessa tragédia tendem a entrar em cena se não forem levantados muros consistentes de defesa e contragolpe.

O fascismo está se tornando uma força em movimento há muito tempo. A autodestruição capitalista, o sentido predatório desse sistema social e a construção de um projeto de exclusão dentro dessa ordem a partir da financeirização e do militarismo imperialista constituem o sentido e a forma política com que o capitalismo subordinado à lógica do grande capital voltou-se contra a tradicional democracia formal e seu estado de direito[5].

As balizas da crise e a permanência do fascismo são marcas clássicas da política brasileira. Saber qual fascismo[6] e que tipo de norte operativo exerce[7] são passos importantes para desvelar esse movimento no Brasil e seus respectivos atos[8]. Portanto, precisamos afrontar o momento em que estamos, afinal, o fascismo está testando os limites por onde pode se dar, ou não, a resposta da esquerda.

Trata-se, neste momento, da construção de uma política de limpeza do aparato de segurança e defesa. Diante desse quadro, o que representam hoje as Forças Armadas? É urgente e necessário a construção de um projeto de Estado que refunde as Forças Armadas. Não basta tirar de sua vida cotidiana o perfil bolsonarista, é preciso torná-las um aparato profissional de defesa nacional e soberania, transformando-as efetivamente em uma instituição democrática. Trata-se de uma frente de batalha bastante complexa, mas a sociedade brasileira tem que exigir que essa tarefa seja cumprida, pois, até aqui, as Forças Armadas têm sido o "braço forte e mão amiga" da burguesia interna, do imperialismo e

---

[5] Daniel Guérin, *Fascismo e grande capital* (Campinas, Editora da Unicamp, 2021).

[6] Leandro Konder, *Introdução ao fascismo* (São Paulo, Expressão Popular, 2009); Evguiéni B. Pachukanis, *Fascismo* (trad. Paula Vaz de Almeida, São Paulo, Boitempo, 2020); Nicos Poulantzas, *Fascismo e ditadura* (trad. João G. P. Quintela e M. Fernanda S. Granado, São Paulo, Martins Fontes, 1978).

[7] Robert O. Paxton, *A anatomia do fascismo* (trad. Patricia Zimbres e Paula Zimbres, Rio de Janeiro, Paz e Terra, 2007).

[8] Antonio Carlos Mazzeo, Milton Pinheiro e Luiz Bernardo Pericás, *Neofascismo, autocracia e bonapartismo no Brasil* (São Paulo, Instituto Caio Prado Jr., 2022).

das falanges terroristas. Na noite do dia 8 de janeiro, foi expedida uma ordem de prisão para os falangistas que estavam na frente do QG do Exército, e o comandante dessa força, general Júlio César de Arruda, impediu a ação da polícia ao colocar tanques na frente do quartel e três linhas de soldados para proteger os fascistas.

A marcha golpista e seus movimentos de caos controlado tinham o sentido de levantar as PMs e as Forças Armadas. Não importa que temporariamente esse ato tenha sido contido. O conjunto repetido dessas ações em algum momento cria o ato decisivo. É a procura pela possibilidade do "ponto de irreversibilidade"[9]. A crise política e suas fontes de alimentação continuam funcionando, então é necessário procurar resolver os problemas mais profundos do povo brasileiro. Sem isso, um dos pontos que movimentam o fascismo continuará a existir e o resultado da disputa será imprevisível e violento, com todo seu ressentimento terrorista[10].

Esse longo processo brasileiro, quando reiteradamente se apresenta a perspectiva de "revolta da ordem"[11], ocorre em linha direta com o histórico pacto da última transição brasileira. Com base nessa experiência, é preciso criar instrumentos políticos a enfrentar e destruir os processos operativos que estimulam os golpes e, para isso, é de grande valia uma política social e ideológica que saiba se relacionar com a chamada classe média brasileira, bastião social das mais diversas operações golpistas e do profundo ódio à democracia[12].

A partir desse cenário político tão complexo e perigoso, não interessa à classe trabalhadora um governo de união nacional cujo eixo central de ação seja a conciliação de classes, que tem como elemento político para movimentar seus interesses o discurso de combate às desigualdades, mas cujas práticas apenas distribuem migalhas para o conjunto da população e mantém o essencial do Estado operando na lógica de "comitê executivo da burguesia"[13]. A disputa deve ser aberta, mas não é uma disputa por dentro do governo, é um enfrentamento na sociedade, a partir da luta de classes.

---

[9] Nicos Poulantzas, *Fascismo e ditadura*, cit.

[10] Slavoj Žižek, *Violência: seis reflexões laterais* (trad. Miguel Serras Pereira, São Paulo, Boitempo, 2014).

[11] João Bernardo, *Labirintos do fascismo: na encruzilhada da ordem e da revolta* (Porto, Afrontamento, 2015).

[12] Jacques Rancière, *O ódio à democracia* (trad. Mariana Echalar, São Paulo, Boitempo, 2014).

[13] Vladímir I. Lênin, *O Estado e a revolução* (trad. Edições Avante!, São Paulo, Boitempo, 2017), coleção Arsenal Lênin.

O que fazer?

É necessário radicalizar na mudança estrutural das PMs, nas instâncias de alto comando das Forças Armadas, nos aparatos da PF e PRF. Mas será que a forma política operada por um governo de união nacional terá determinação e vontade política para agir nesse sentido? Trata-se de colocar em ação uma postura de autodefesa e contra-ataque, e essa batalha terá de se dar nas ruas. Exige também do governo repressão ao fascismo e restruturação dos aparelhos de segurança e defesa. Afinal, a marcha fascista (verde-amarela) sobre Brasília teve caráter de insurreição e conduta irracionalista.

Os impasses que se seguem criaram ainda mais dificuldades, manifestadas na cena política (abertas ou veladas), que devem ser afrontadas, por um lado, pelo governo, aproveitando a janela de oportunidade da crise do dia 8 de janeiro e, por outro, pela capacidade da esquerda revolucionária em constituir um instrumento de frente única de caráter proletário e popular. Essa frente única, dirigida pelo bloco revolucionário do proletariado, deve surgir do trabalho de base e da organização da classe trabalhadora, dois vetores que podem contribuir para dar um passo à frente na luta de classes, a ponto de modificar a contradição central da política, configurando uma cena entre trabalho *versus* capital. A batalha se dará nas ruas, nas fábricas, nas escolas, nas universidades, nas periferias e em bairros populares, mas se dará também na batalha das ideias e na frente cultural.

Defender as liberdades democráticas, combater as desigualdades, defender o serviço público, garantir investimentos para o SUS, apresentar políticas de investimentos que promovam o emprego, avançar na educação básica e fomentar o desenvolvimento da universidade pública são ações tão importantes quanto restabelecer uma pauta política e ideológica de caráter progressista e popular. Nesse sentido, seria fundamental criar o instrumento das assembleias populares para estabelecer consultas públicas sobre temas relevantes. Aliás, essa forma política também seria extremamente importante para mobilizar a classe trabalhadora e enfrentar a correlação de forças no parlamento. Ao lado das assembleias populares, poderiam ser criados os referendos revogatórios e/ou proclamatórios como forma de democracia direta.

Esses instrumentos da democracia popular são necessários, também, para enfrentar a presença da extrema direita que se estabeleceu em todos os espaços da vida social. Não será com o, até aqui, silêncio obsequioso do poder de Estado que o Brasil superará e derrotará as ações dessas falanges delinquentes e de caráter fascista presentes na vida política nacional. Não deve haver trégua diante desse cenário, até porque, para variar, estamos em guerra.

É com base nessas investigações iniciais que compreendo que um governo de união nacional, centrado na conciliação de classes, não terá capacidade de mudar o rumo da política brasileira que até aqui promoveu o processo de crise política e a profunda instabilidade e vulnerabilidade social. Deve-se ter a perspectiva de criar um projeto e programa a mobilizar a classe trabalhadora com toda a sua riqueza, que movimente seu novo perfil (gênero, raça e orientação sexual) para a necessária jornada de lutas. A conciliação de classes e um governo de união nacional que daí advenha não interessa ao projeto de futuro da classe trabalhadora brasileira.

votelgbt.org
JUSTIÇA ELEITORAL
votelgbt.org
JUSTIÇA ELEITORAL
votelgbt.org

Como superar a catástrofe fascista?

Leonardo Attuch

O amor venceu o ódio. Assim foi dito quando o presidente Luiz Inácio Lula da Silva, alvo da maior campanha difamatória da história do Brasil, foi eleito presidente pela terceira vez, superando Jair Bolsonaro, triste figura dos esgotos políticos que, em circunstâncias normais, jamais teria deixado de frequentar os submundos do baixo clero parlamentar.

Mas, se é verdade que o amor venceu o ódio, ainda não se pode dizer que a verdade venceu a mentira. Nestes tempos de vereda democrática, restabelecer a verdade factual no debate público é requisito para reconstruir o tecido social brasileiro depois da catástrofe fascista. Foi o abandono da verdade como parâmetro essencial da disputa política que semeou o terreno para a disseminação do discurso de ódio, que, por sua vez, fez germinar o fascismo.

O processo de desinformação e difusão de preconceitos é, no entanto, muito anterior à ascensão de Jair Bolsonaro. Na realidade, Bolsonaro é consequência de um jornalismo de guerra contra o Partido dos Trabalhadores e também contra a ideia de Brasil soberano, promovida pelos meios de comunicação hegemônicos e oligárquicos por décadas.

Em 2002, quando Lula chegou pela primeira vez à Presidência da República, superando José Serra, as elites previam seu fracasso. O mantra era "Serra ou caos".

Lula venceu e, ao contrário do caos, o que se viu foi um ciclo inédito de prosperidade econômica e social, dentro da democracia. As consequências foram sua própria reeleição, em 2006, e as duas eleições da ex-presidenta Dilma Rousseff, em 2010 e 2014. Em circunstâncias normais, Lula teria sido eleito em 2018, consolidando um ciclo de pelo menos vinte anos de poder, antes cobiçado por ex-presidentes como Fernando Collor de Mello e Fernando Henrique Cardoso.

Tal hegemonia política nas mãos de um partido eminentemente popular foi considerada inaceitável pelas elites locais e internacionais. E o trabalho de desconstrução do Partido dos Trabalhadores e de suas lideranças foi meticulosamente executado durante muitos anos. Antes mesmo da primeira eleição de Dilma, já havia sido cunhada a palavra "petralha". Plantava-se, assim, sonoramente, o discurso de ódio, perseguições e motivações cuja consequência inevitável seria a ascensão de um seguidor de Hitler dos trópicos, disposto a exterminar quem considera as ervas daninhas da sociedade brasileira.

O processo de nazificação do Brasil já estava explícito nas manifestações de junho de 2013, em que bonecos de Lula e Dilma enforcados eram pendurados em pontos estratégicos de grandes cidades. Paralelamente, as cores nacionais já eram tomadas pela extrema direita. A juventude era contaminada com a difusão de notícias falsas e preconceitos por grupos como Revoltados On-line, entre outros menos expressivos. Também no submundo das redes sociais, outros movimentos eram capturados pela pseudofilosofia olavista. Se tudo isso não bastasse, agitadores fascistas, com destaque para o Movimento Brasil Livre (MBL), inauguravam a "lacração" nas redes sociais.

Nos meios de comunicação tradicionais, era também intensa a campanha midiática negativa em relação ao PT. O julgamento da Ação Penal 470, ou "mensalão", era espetacularizado, e juízes da Suprema Corte viravam *popstars*, desde que aceitassem seguir o *script* determinado pelas elites. Nas colunas de opinião, articulistas arregimentados pelo Instituto Millenium, formado a partir de doações de bilionários, disseminavam preconceitos contra políticas sociais, como as cotas raciais, e contra um modelo de desenvolvimento econômico ancorado na distribuição de renda e na defesa da soberania nacional. Com a chegada da Lava Jato, o jornalismo de guerra atingiria seu ápice, com destaque para os dutos de dinheiro na cobertura do *Jornal Nacional* sobre o caso Petrobras, e se tornaria catastrófico para a democracia, para a economia e para o próprio jornalismo. A pretexto de aniquilar os presidentes Lula e Dilma, bem como o Partido dos Trabalhadores, o jornalismo hegemônico destruiu a economia nacional, a imagem do Brasil e preparou o terreno para a ascensão de uma figura incapaz e tóxica como Bolsonaro.

Com a extrema direita no poder, o jornalismo da imprensa comercial, tradicionalmente ligado às oligarquias liberais, tentou domesticar o ogro selvagem. De modo equivocado, apostava-se que, para governar, Bolsonaro migraria para o centro. Ledo engano. Instalado no poder, o então presidente já estava disposto a criar seu próprio sistema de comunicação, que se tornou conhecido como "gabinete do ódio". Assim como Donald Trump, nos Estados Unidos, Bolsonaro percebeu que poderia pautar a agenda nacional diretamente, sem a necessidade dos intermediários dos meios de comunicação tradicionais. O que antes a mídia comercial fazia de forma polida e dissimulada, para favorecer seus políticos burgueses de estimação, Jair Bolsonaro passou a fazer de forma escancarada e avacalhada, mas não menos eficaz. O líder fascista fez surgir uma vigorosa extrema direita no Brasil.

A "elite do atraso" e a máquina fascista de Bolsonaro

Com *youtubers*, blogueiros e multiplicadores nas redes sociais, Bolsonaro demonstrava, na prática, que poderia ser mais eficiente para a "elite do atraso" – termo cunhado pelo sociólogo Jessé Souza – que a direita liberal. Por mais feio que fosse, Bolsonaro conseguiu distrair a opinião pública com suas manobras diversionistas, enquanto entregava privatizações, o desmanche do Estado, a retirada de direitos sociais e todo o pacote de maldades que costuma vir associado aos choques neoliberais.

A máquina fascista, no entanto, sofreu seu primeiro abalo quando eclodiu a pandemia da covid-19. Diante da doença, Bolsonaro e seu sistema de comunicação apostaram todas as fichas no negacionismo. O resultado foram as quase 700 mil mortes, que colocaram o Brasil como um dos países com maior índice de letalidade da doença no mundo. Mortes que atingiram todas as classes sociais.

Uma segunda luz vermelha surgiu já em 2022, ano da disputa eleitoral, quando ficou claro que o bolsonarismo pretendia não apenas aparelhar todas as instituições, mas também devorar todos aqueles que não estivessem dispostos a se submeter ao projeto fascista, numa estratégia de permanente tensionamento das relações sociais e de esgarçamento das instituições.

Foi nesse contexto que a verdade começou a ser gradualmente restabelecida no Brasil. Com o vazamento dos diálogos de integrantes da operação Lava Jato, na chamada Vaza Jato, a sociedade começou a se dar conta daquilo que, até então, era divulgado apenas na mídia independente: Lula foi alvo de um projeto de dominação e submissão do Brasil e, por isso, foi efetivamente um preso político, ainda que as formalidades de seus processos tenham sido cumpridas. Da mesma forma, a ex-presidenta Dilma Rousseff foi alvo de um golpe de Estado, ainda que as formalidades do chamado *impeachment* também tenham sido seguidas. Ou seja, as mesmas instituições que avalizaram o golpe institucional, patrocinado pelas elites interessadas no choque neoliberal e no desmanche do Estado, agora buscavam conter a extrema direita fascista, que representava uma ameaça concreta a essas mesmas instituições. E, para isso, era necessário reabilitar o alvo principal do processo golpista.

Com o passar do tempo, foi ficando claro que apenas um líder seria capaz de superar o monstro fascista: Luiz Inácio Lula da Silva. Tal qual na canção de Chico Buarque, a Geni, tão vilipendiada, agora era convocada a nos salvar. Lula saiu da prisão, recuperou seus direitos políticos, organizou uma frente ampla com o ex-tucano Geraldo Alckmin e fez uma campanha presidencial memorável em 2022. Foi assim, portanto, que "o amor venceu o ódio".

As raízes do 8 de janeiro

Já nos primeiros dias de 2023, o Brasil foi surpreendido com a violência e o estrago cognitivo produzido na sociedade brasileira por décadas de jornalismo de guerra na mídia comercial contra o PT e pela máquina de ódio e desinformação bolsonarista. Entre os "cidadãos de bem" que depredaram o Palácio do Planalto, o Congresso Nacional e o Supremo Tribunal Federal (STF), o que se via eram pessoas absolutamente fanatizadas e transformadas em massa de manobra para a máquina de destruição fascista. Muitos "informados" por redes de WhatsApp e grupos de comunicação como a Jovem Pan. E nada disso teria sido possível se a base da dissonância cognitiva não tivesse sido fornecida pela própria mídia comercial.

O que se tem hoje, depois da porta arrombada, são autoridades aqui e acolá tentando recolocar o monstro fascista de volta na garrafa. De um lado, o ministro Alexandre de Moraes, do STF, prende extremistas e elimina perfis nas redes sociais, incorrendo no risco de eventuais abusos contra a liberdade de expressão. De outro, o ministro Flávio Dino, da Justiça, elabora um "pacote da democracia" para punir a desinformação e o discurso de ódio nas redes sociais.

São iniciativas saudáveis que, evidentemente, merecem o apoio dos setores democráticos. No entanto, são ineficientes. Em primeiro lugar, porque existe a ilusão de que o gabinete do ódio foi uma invenção bolsonarista. Mas ele foi ativado pela própria imprensa comercial, antes mesmo das eleições presidenciais de 2010, para minar o PT.

Por mais que o gabinete do ódio da direita liberal esteja provisoriamente adormecido, a qualquer momento ele pode despertar. Um ensaio disso aconteceu em janeiro de 2023, quando o presidente Lula, numa viagem ao Uruguai, referiu-se a Michel Temer como "golpista", uma verdade factual e histórica, reconhecida pela grande maioria dos juristas do Brasil. A histeria que se observou nos meios de comunicação oligárquicos diante da fala do presidente – Lula pretende reparar a verdade histórica relacionada ao golpe de 2016 – deveria alertar todos os setores democráticos. Aqueles que patrocinaram as Jornadas de Junho de 2013, a destruição econômica da Lava Jato, a derrubada de Dilma e a prisão política de Lula em 2017 podem religar seus motores a qualquer momento.

Portanto, não basta conter e até desmontar o Sistema Bolsonaro de Comunicação, que é apenas a versão mais caricatural da máquina de manipulação política que sempre existiu nas redações brasileiras. É necessário enfrentar as mentiras com um verdadeiro sistema público de comunicação, no qual a Empresa Brasil de Comunicação (EBC) deve exercer papel central, oferecendo conteúdo de qualidade a todos os novos atores desse ecossistema.

Não menos importante é fomentar a diversidade de fontes de informação e o mais amplo acesso à internet de qualidade e alta velocidade a toda a população. Graças às novas tecnologias, muitas das principais barreiras de entrada para atuar na comunicação foram derrubadas. Se antes era necessário ter uma gráfica para imprimir um jornal, hoje basta um computador para ser blogueiro ou mesmo dono de um site de notícias. Se antes era necessário ter concessões públicas e equipamentos caríssimos para atuar no rádio e na TV, hoje qualquer um pode iniciar, de casa, uma operação audiovisual no YouTube ou em outras plataformas.

Nesse ambiente em rápida transformação, é necessário regular as grandes plataformas para coibir desinformação e discurso de ódio, mas, sobretudo, para que o respeito à verdade factual seja o parâmetro básico no debate público. É este o grande desafio para o Brasil superar o processo golpista que perdurou de 2013 a 2022 e criar salvaguardas para que fenômenos desse tipo não mais se repitam. A informação é um direito humano essencial, e informar é uma nobre tarefa, que deve ser exercida com ética e responsabilidade. Assim como "o amor venceu o ódio", agora é fundamental que a verdade derrote a mentira.

LULA
MST
MST

Uma frente amplíssima

Anderson Alves Esteves
Ricardo Musse

Em seu discurso de posse no Congresso Nacional, em 1º de janeiro de 2023, Luiz Inácio Lula da Silva usou os termos "reconstrução", "reconstruir", "construção", "reerguer" e "refundar", somados, por dez vezes[1]. Em 2003, na fala durante a posse da Presidência da República pela primeira vez, "mudança" e "mudar"[2] apareceram doze vezes, denotando o anseio então predominante. Os campos semânticos abarcados pelas duas séries de vocábulos são bastante distintos. Indicam, no entanto, as linhas gerais das demandas separadas por duas décadas. A expressão "reconstrução" consolida o sentido do movimento iniciado com a composição de uma frente ampla de forças políticas que se mostrou imprescindível para a vitória eleitoral, para a posse e para a própria governabilidade.

---

1 Luiz Inácio Lula da Silva, "Discurso de posse", *Câmara dos Deputados* (site), 1º jan. 2023. Disponível em: <https://www.camara.leg.br/noticias/932450-leia-o-discurso-do-presidente-lula-na-integra>; acesso em: 6 fev. 2023.

2 Idem. "Discurso de posse", *Câmara dos Deputados* (site), 1º jan. 2003. Disponível em: <http://www.biblioteca.presidencia.gov.br/presidencia/ex-presidentes/luiz-inacio-lula-da-silva/discursos/discursos-de-posse/discurso-de-posse-1o-mandato>; acesso em: 6 fev. 2023.

Em 2003, a preocupação de Lula era minimizar os usos e os efeitos de uma política econômica neoliberal. O saldo dos dois governos de Fernando Henrique Cardoso, à época denominado "herança maldita", mostrava-se desalentador: desemprego intenso (20% da população economicamente ativa)[3], semiestagnação econômica, financeirização da riqueza, juros elevados, alto endividamento público, carga tributária elevada, diminuição da participação do capital produtivo no contexto de abertura da economia, reengenharia toyotista da produção, privatizações que reduziram o tamanho das organizações, decomposição de funções intermediárias no interior das grandes empresas, desassalariamento, terceirizações, precarizações e informalização[4].

Em 2023, a tarefa é mais complexa. Além do neoliberalismo, aplicado em doses abundantes por Paulo Guedes e seus *Chicago boys*, faz-se necessário desmontar o autoritarismo entranhado no aparelho de Estado, nas Forças Armadas e em uma parcela considerável da população que se identifica com as palavras de ordem de Jair Bolsonaro e seus comparsas. O relatório final do Gabinete de Transição Governamental, divulgado em 22 de dezembro de 2022, mostrou uma "radiografia do desmonte" do Estado e das políticas públicas nos âmbitos social, econômico, político e ambiental e sugere uma miríade de "revogações"[5] do que foi implantado entre 2019 e 2022 para que o país retorne às veredas da Constituição de 1988 e possa garantir os direitos sociais citados no artigo 6º de seu capítulo II.

O diagnóstico desanimador do Gabinete de Transição explica-se, em grande medida, pelo fato de Jair Bolsonaro ter cumprido suas promessas de campanha. Elas foram sintetizadas numa fala no início de seu mandato, quando, ao visitar os Estados Unidos e jantar com representantes da extrema direita mundial (entre eles, Steve Bannon e Olavo de Carvalho), o agora ex-presidente disse que tinha que "desconstruir muita coisa"[6].

---

[3] Alexandre Guerra et al., *Atlas da nova estratificação social do Brasil*, v. 2 (São Paulo, Cortez, 2007), p. 59.

[4] Anderson Alves Esteves, *A "Classe C" vai ao paraíso? A estratificação social do Brasil no início do século XXI* (Saarbrücken, Novas Edições Acadêmicas, 2015), p. 25-6.

[5] Gabinete de Transição Governamental, *Relatório final* (Brasília, 2022). Disponível em: <https://gabinetedatransicao.com.br/noticias/relatorio-final-do-gabinete-de-transicao-governamental>; acesso em: 6 fev. 2023.

[6] Denise Chrispim Marin, "'Temos de desconstruir muita coisa', diz Bolsonaro a americanos de direita", *Veja*, 18 mar. 2019. Disponível em: <https://veja.abril.com.br/politica/temos-de-desconstruir-muita-coisa-diz-bolsonaro-a-americanos-de-direita>; acesso em: 6 fev. 2023.

Foram anos de destruição, de estrangulamento financeiro das instituições voltadas para atendimento de direitos sociais, de ausência de agenda positiva no Executivo federal, de perseguições ao conjunto de políticas públicas favoráveis à classe trabalhadora e edificantes de marcos civilizatórios. A exemplo do genocídio observado durante a pandemia de covid-19, resultado de negacionismo, da corrupção que retardou a vacinação e da inépcia de gestão, ocorreram obscurantismos e incontáveis danos nas áreas da educação, da cultura, da ciência e da tecnologia, do meio ambiente, além dos frequentes ataques às instituições da democracia representativa.

A burguesia tudo tolerou na expectativa de que a agenda de Paulo Guedes seguisse sem freios. Incontáveis *fake news*, as ameaças dos 7 de setembro e disparates acerca da necessidade de voto impresso criaram o clima que gestou a barbárie do 8 de janeiro de 2023. No decorrer do mandato de Jair Bolsonaro, houve o conúbio óbvio da constelação de tudo o que era pernicioso à democracia. Contou-se com o silêncio eloquente e ensurdecedor dos bilionários partícipes do "clube dos 0,0001%"[7], que imaginaram que conseguiriam domesticar Bolsonaro.

A formação da frente ampla

Como "mudar" (2003) e como "reconstruir" (2023)? Outra questão, não menos importante, é: com quem "mudar" e com quem "reconstruir"? Em termos de representação política e de seus nexos com os interesses das classes sociais, é preciso colocar em destaque que, na primeira ocasião, escaldado por três derrotas eleitorais para a Presidência da República, Lula inclinou-se ao centro e à centro-direita para alcançar êxito entre o eleitorado não petista e, assim, foi consolidada a chapa com José Alencar para o primeiro turno com PT, PL, PCdoB, PCB e PMN. Para o segundo turno, somaram-se PPS, PDT, PSB, PTB, PV, PGT, PSC, PTC, PMN e PHS.

Em 2022, a despeito da legenda do candidato a vice-presidente voltar a ser a mesma de 1989 (PSB), o nome indicado por ela foi o de um ex-candidato a presidente do país, Geraldo Alckmin, que, por duas vezes, representou os interesses do grande capital contra o PT e que governou o estado de São Paulo por dezesseis anos, somando o tempo em que foi vice-governador e titular do mandato. No primeiro turno, os partidos da chapa de Lula e Alckmin foram PT, PSB, PSOL, PCdoB, PV, Pros, Rede, Solidariedade, Avante e Agir; no

7 Ricardo Musse, "No clube dos 0,0001%", *A Terra é redonda*, 6 jul. 2020. Disponível em: <https://aterraeredonda.com.br/no-clube-dos-00001>; acesso em: 6 fev. 2023.

segundo, acresceram-se PDT, Cidadania, PCB, PSTU, PCO e UP, além de apoios de lideranças de partidos que se posicionaram com neutralidade.

Entre 2002 e 2022, houve o golpe parlamentar de 2016, expressando o "poder de veto"[8] que a burguesia impôs após quatro vitórias petistas para o cargo máximo do poder Executivo. Depois dele, interromperam-se a valorização do salário mínimo, a edificação de um Estado keynesiano indutor do crescimento, as ações para o fortalecimento do setor industrial, o investimento em infraestrutura, a geração de empregos formais ocupados sobretudo pelos estratos mais pobres durante os anos 2000 (ofertando vagas com rendimento mensal de 1,5 salário mínimo)[9], a implementação de políticas afirmativas e de transferência de renda que ampliaram os ganhos das famílias mais pobres, a difusão de crédito, a não discriminação do hemisfério Sul na política externa...

Evitando a ortodoxia econômica dos governos de Fernando Henrique Cardoso, os governos petistas promoveram um neodesenvolvimentismo "possível dentro do modelo capitalista neoliberal"[10], enquanto as frações burguesas constituintes do bloco "policlassista"[11] no poder nos governos Lula operavam sob a hegemonia do capital internacional e o nacional a ele associado. O PT procurou fortalecer a burguesia interna vinculada a setores produtivos.

O cálculo lulista para derrotar tanto o neoliberalismo, em 2002, como o entrelaçamento neoliberalismo-autoritarismo, em 2022, observou a demanda de ampliação dos fatores na soma eleitoral e procurou reunir forças capazes de amalgamar esquerda, centro e centro-direita. Consolidou-se um denominador comum no *modus operandi* eleitoral petista para a disputa da Presidência da República que, desde 2002 e com a exceção de 2018, mostrou-se exitoso.

As frentes amplas não são, obviamente, um fenômeno novo engendrado apenas a partir do lulismo. Tratam-se de alianças recorrentes na história da esquerda no século XX. No âmbito internacional, os comunistas aglutinaram forças contra a expansão do fascismo e do nazismo, constituindo frentes que buscavam evitar o pior dos cenários. No pós-Segunda Guerra Mundial, foram partícipes de coalizões que sustentaram governos encarregados de implantar

---

8 Luis Felipe Miguel, *O colapso da democracia no Brasil: da constituição ao golpe de 2016* (São Paulo, Fundação Rosa Luxemburgo/Expressão Popular, 2019), p. 19.

9 Marcio Pochmann, *Nova classe média? O trabalho na pirâmide social brasileira* (São Paulo, Boitempo, 2012), p. 19-20.

10 Armando Boito Jr., *Reforma e crise política no Brasil: os conflitos de classe nos governos do PT* (Campinas/São Paulo, Editora da Unicamp/Editora Unesp, 2018), p. 57.

11 Ibidem, p. 103.

reformas populares. No Brasil, o PCB, entre 1945 e 1964, constituiu alianças eleitorais e, a partir de 1958, estabeleceu os fundamentos teóricos e práticos de uma frente com a burguesia nacional, em vez de propor a transição imediata ao socialismo. Essa aliança viabilizou candidaturas e um programa mínimo contra as correntes que se movimentavam no campo que gestou a ditadura iniciada em 1964. Durante o governo militar, o PCB, usando a legenda do MDB, elegeu deputados para as casas legislativas federal e dos estados[12].

Tendo em vista as dificuldades conjunturais impostas pelo neoliberalismo articulado com o autoritarismo de origem militar, Lula, recorrendo à tradição da esquerda (europeia e brasileira), promoveu um recuo teórico e político que permitiu a construção de uma frente mais ampla que as pautas da esquerda. O programa mínimo da campanha eleitoral de 2022 destacou temas como a democracia, o republicanismo, o respeito às minorias, o mantra da responsabilidade fiscal e a superação da disfuncionalidade da (não) gestão da sociedade do capital.

Amplíssimo, esse programa visava a reunir todos os interessados em derrotar Jair Bolsonaro, o mal maior, em uma "frente democrática"[13], antibolsonarista, civilizatória, uma vez que comportava classes e estratos para além dos trabalhadores. Ficou longe da pretensão de colocar a burguesia sob o comando do proletariado. Afinal, a esquerda mostra-se minoritária na atual correlação de forças e encontra-se na defensiva desde o golpe de 2016. Também não se trata de um programa destinado a acelerar a marcha da transformação social. Como o centro e a centro-direita são constituintes da chapa eleitoral e da governabilidade, busca-se, sobretudo, evitar a fascistização das instituições a partir da retomada do funcionamento hodierno dos processos democráticos, de não enveredar apenas pelo fiscalismo e pela austeridade ao se mobilizarem políticas públicas de responsabilidade social, de não restringir as ações governamentais de modo a circunscrevê-las como "Estado de bem-estar empresarial"[14] e atuar para construir o que está na Constituição de 1988.

Embora o programa não ambicione muito, sua execução não constitui tarefa fácil. Obteve-se a vitória eleitoral contra a ortodoxia neoliberal e o autoritarismo, mas é preciso considerar que muitos candidatos do campo bolsonarista tiveram conquistas eleitorais significativas nos dois turnos do pleito de 2022 e que a correlação de forças no Congresso Nacional continuará sendo áspera para

---

12 Lincoln Secco, "A frente antifascista", *A Terra é redonda*, 14 fev. 2020. Disponível em: <https://aterraeredonda.com.br/a-frente-antifascista>; acesso em: 6 fev. 2023.

13 Luiz Inácio Lula da Silva, "Discurso de posse", cit.

14 Laura Carvalho, *Valsa brasileira: do boom ao caos econômico* (São Paulo, Todavia, 2018), p. 156.

a esquerda. Ou seja, o cenário apresenta dificuldades enormes para o governo Lula-Alckmin cumprir a agenda de "reconstrução" e de pacificação almejadas no projeto de uma frente ampla. Como contemplar as inevitáveis tensões de uma composição policlassista que tende a promover a inflexão da luta de classes no interior do governo que precisa pacificar um país polarizado?

A constituição de um governo amplo encarregado de "reconstruir" o processo civilizador, a despeito de as contendas da sociedade terem sido interiorizadas nos próprios ministérios e escalões governamentais, é tarefa reconhecidamente difícil, enunciada no discurso de posse do presidente eleito, e que o inclina a atuar para além seu campo político: "Compreendi, desde o início da jornada, que deveria ser candidato por uma frente mais ampla que o campo político em que me formei, mantendo o firme compromisso com minhas origens. Esta frente se consolidou para impedir o retorno do autoritarismo ao país"[15].

---

[15] Luiz Inácio Lula da Silva, "Discurso de posse", cit.

3

A nova era Lula e os rumos do Brasil

Pistas para analisar a posição política do capital frente ao terceiro governo Lula

Armando Boito Jr.

Neste texto, pretendo expor conceitos com os quais trabalho e, simultaneamente, indicar fatos e tendências da política brasileira atual, sobretudo no que diz respeito à burguesia e o novo governo Lula. Mais que fazer, eu próprio, uma análise prospectiva, ofereço pistas – teoria, conceitos e fatos correntes – para que o leitor analise, já durante o novo mandato de Lula, o comportamento político do capital frente ao governo.

I

O primeiro ponto a destacar é que a burguesia não é uma classe homogênea dotada de interesse único. Sim, a burguesia demonstra um interesse político geral e comum – a manutenção do capitalismo –, porém, no que respeita a interesses econômicos e políticos de curto e médio prazo, essa classe social encontra-se dividida em frações burguesas. Por se tratar de um conceito utilizado de modo distinto por algumas diferentes tradições marxistas e recusado liminarmente por outras, vale uma nota sobre sua história.

O conceito de frações burguesas aparece muito cedo nas publicações de Marx e de Engels, ainda que não sistematicamente desenvolvido, e permanece ao longo de toda a obra dos dois fundadores do materialismo histórico. Já no *Manifesto comunista*[1], desempenha um papel importante na análise do processo político e, inclusive, na análise das condições para que o proletariado possa se organizar como classe autônoma. Esse ponto é negligenciado pela maioria dos comentadores do manifesto, porém está lá a ideia de que os conflitos no interior das classes dominantes – burguesia, aristocracia feudal – e também no interior da burguesia – burguesia industrial, burguesias nacionais – acabam indiretamente favorecendo a organização política do proletariado[2]. Marx e Engels retomam e desenvolvem um pouco mais esse conceito nas obras históricas sobre as revoluções e crises na Europa de 1848 em obras como *O 18 de brumário de Luís Bonaparte*[3]; *As lutas de classes na França*[4]; e *Revolução e contrarrevolução na Alemanha*. Mais tarde, em *O capital*, Marx mostra, quando analisa a luta operária pela regulamentação da jornada de trabalho, que os representantes parlamentares dos proprietários de terra votaram a favor da legislação de fábrica, numa atitude que foi uma espécie de revide contra a burguesia industrial que, em 1846, obtivera, contrariando os interesses dos proprietários de terra, a liberação da importação de cereais para baratear a força de trabalho[5]. Nas análises que fazem do governo Bismarck e da política parlamentar britânica das décadas de 1860 e 1870, Marx e Engels destacam a importância do conflito entre pelo menos três segmentos das classes dominantes – os proprietários de terra ainda ligados ao mundo feudal, os proprietários de terra capitalistas e a burguesia industrial – para a compreensão da política alemã e britânica. Boa parte dessas análises encontram-se em artigos para jornais e na correspondência mantida pelos dois[6].

---

1 Karl Marx e Friedrich Engels, *Manifesto Comunista* (trad. Álvaro Pina e Ivana Jinkings, São Paulo, Boitempo, 1998).

2 Armando Boito Jr., "A constituição do proletariado em classe no *Manifesto do Partido Comunista*", em *Estado, política e classes sociais* (São Paulo, Editora Unesp, 2007).

3 Karl Marx, *O 18 de brumário de Luís Bonaparte* (trad. Nélio Schneider, São Paulo, Boitempo, 2011).

4 Idem, *As lutas de classes na França* (trad. Nélio Schneider, São Paulo, Boitempo, 2012).

5 Karl Marx, *O capital. Crítica da economia política*, Livro I: *O processo de acumulação de capital* (trad. Rubens Enderle, São Paulo, Boitempo, 2011), cap. 8.

6 Karl Marx e Friedrich Engels, *On Britain* (Moscou, Foreign Languages, 1962) e *Selected Correspondence* (Moscou, Progress, 1965).

No século XX, a Internacional Comunista utilizou o conceito de fração burguesa principalmente para analisar os países coloniais e dependentes. Mas foi Nico Poulantzas, marxista grego radicado na França, que, retomando toda essa antiga tradição, procurou, nas décadas de 1960 e 1970, dar um desenvolvimento teórico mais sistemático a essa ferramenta analítica[7]. É na leitura crítica dos trabalhos deste último que nos apoiamos para analisar a atuação política da burguesia brasileira no período recente.

II

A fração burguesa é uma parte que se distingue, por sua situação econômica e pelas demandas políticas que apresenta, do restante da classe social a que pertence. Ela é, portanto, um fenômeno econômico e político. Não basta existir indústria para que possamos falar em burguesia industrial como fração. É necessário que, no plano político, as empresas industriais ou grande parte delas apresentem uma prática política comum que repercuta, de fato, no processo político nacional. É essa prática que distingue tal parte da burguesia como fração, mesmo que não chegue a se configurar como uma fração autônoma – aquela cuja prática é orientada por um programa de reivindicações próprio, explícito e sistemático.

Não usamos esse conceito do mesmo modo que o faziam os intelectuais e os dirigentes dos partidos comunistas do século XX. Para nós, as frações são partes, mas são partes maleáveis, flexíveis. E isso, entre outras razões, porque as clivagens de interesses que dividem a burguesia são de vários tipos, originando situações complexas – burguesia bancária, industrial e comercial; grande e médio capital; capital monopolista e capital não monopolista; capital nacional e capital estrangeiro etc.[8]. O cruzamento dessas clivagens origina frações sobredeterminadas. No Brasil de hoje, temos o grande capital bancário nacional e o grande capital bancário estrangeiro, a grande e a média burguesia industrial, e assim por diante. Cada uma dessas frações, que estamos chamando de sobredeterminadas, reúne, como indica sua própria nomenclatura, dois ou três tipos de clivagens distintos. Elas, citadas como exemplo, dividiram-se politicamente na história recente. Como mostram pesquisas sobre a burguesia brasileira, o grande capital bancário nacional posicionou-se contrariamente ao *impeachment*

---

7 Nicos Poulantzas, *Poder político e classes sociais* (Campinas, Editora da Unicamp, 2019).

8 Francisco Pereira de Farias, "Frações burguesas e bloco no poder: uma reflexão a partir do trabalho de Nicos Poulantzas", *Crítica Marxista*, Campinas, n. 28, 2009, p. 81-98.

de Dilma Rousseff[9], enquanto o capital financeiro internacional e associado, designados pela metonímia "Faria Lima", bem como o médio capital industrial, instrumentalizado pela Federação das Indústrias do estado de São Paulo (Fiesp), foram, respectivamente, a força dirigente e uma das forças motrizes que se mobilizaram pela deposição de Dilma[10]. De resto, e seguindo sua trajetória rumo à direita, parte significativa da média burguesia – industrial, comercial e agrária – é, hoje, uma das principais bases sociais do bolsonarismo. Baseada em milhões de pequenas e médias empresas, a média burguesia é uma das responsáveis pela capilaridade do movimento bolsonarista no território nacional.

Como fenômeno político, as frações podem apresentar uma trajetória intermitente, formando-se e desaparecendo de uma conjuntura para outra. Tal intermitência se dá sob o estímulo do processo político e, em particular, da política governamental. Desde o governo Temer, a burguesia encontra-se, naquilo que é fundamental, unida em torno do programa neoliberal puro e duro anunciado no famigerado programa "Uma ponte para o futuro", apresentado pelo PMDB (hoje MDB) em outubro de 2015. Esse cenário começou a mudar um pouco e gradativamente em 2022. Iniciada a campanha eleitoral, Lula passou a atrair parte da classe capitalista. A campanha atiçou conflitos, até então latentes, entre, de um lado, o grande capital financeiro internacional e a grande burguesia a ele associada, cujo programa é o neoliberalismo puro e duro inaugurado pelo governo Temer, e, de outro, a grande burguesia interna – industrial e bancária –, fração que, embora não seja uma burguesia nacional anti-imperialista, apresenta conflitos moderados e pontuais com o capital estrangeiro. Uma questão vital para o futuro do governo Lula, considerando os objetivos que esse próprio governo ainda em formação se coloca, será aprofundar essa divisão, ainda incipiente e superficial, no interior da classe capitalista e garantir para si o apoio da grande burguesia interna.

---

[9] André Flores Penha Valle, *Divisão e reunificação do capital financeiro: do impeachment ao governo Temer* (mestrado em ciência política, Campinas, IFCH-Unicamp, 2019). Disponível em: <https://www.unicamp.br/anuario/2019/IFCH/IFCH-dissertacoesmestrado.html>; acesso em: 19 jan. 2023.

[10] Felipe de Queiroz Braga, *A Fiesp na crise política do impeachment de Dilma Rousseff* (doutorado em ciência política, Campinas, IFCH-Unicamp, 2022); Fernanda Fagundes Perrin, *Ovo do pato: uma análise do deslocamento político da Federação das Indústrias do Estado de São Paulo* (mestrado em ciência política, São Paulo, FFLCH-USP, 2020). Disponível em: <https://www.teses.usp.br/teses/disponiveis/8/8131/tde-16092020-205057/pt-br.php>; acesso em: 19 jan. 2023.

III

O conceito de fração é uma ferramenta teórica para analisar o processo político nos países capitalistas. Sem essa ferramenta, é impossível compreender em toda a sua complexidade qualquer processo político nacional nas sociedades capitalistas centrais e periféricas.

Escrevo em dezembro de 2022. No Brasil atual, diante da pergunta "a burguesia apoia ou se opõe ao governo Bolsonaro?", o que devemos responder? Salta à vista que, da perspectiva teórica com a qual trabalhamos, não é possível uma resposta simplesmente porque a maneira de colocar a questão está errada. É certo que verificamos a unidade da burguesia em torno das reformas neoliberais contra os trabalhadores, como as reformas trabalhistas do governo Temer e a previdenciária do governo Bolsonaro. Porém, além desses elementos que se referem à política social, a política de Estado abarca outras áreas, como a econômica e a externa, e essas podem atingir, como de fato atingem, de modo desigual os diferentes segmentos da burguesia. Prova disso é que, durante a campanha eleitoral, houve segmentos burgueses que se manifestaram, ainda que com timidez, contra Bolsonaro, enquanto outros o apoiaram e o apoiam ostensivamente. É o conceito de fração burguesa que permite esclarecer essas diferenças, mesmo que secundárias, no mundo do capital.

Na campanha eleitoral e após a vitória de Lula, segmentos da grande burguesia interna industrial e bancária aproximaram-se do candidato do PT. Em julho de 2022, a Federação Brasileira de Bancos (Febraban) decidiu subscrever o manifesto "Em defesa da democracia e da Justiça", documento que apontava o dedo contra as tentativas golpistas de Jair Bolsonaro e da cúpula militar de seu governo. Tal inciativa é rara na história da Febraban, associação que prima pela discrição e pelo anonimato político. Para entendermos esse evento, precisamos ter em mente, além da insatisfação de setores capitalistas com as ameaças de Bolsonaro à democracia burguesa, o fato de que, desde o início de sua gestão no Ministério da Economia, Paulo Guedes ameaçou retomar a política de FHC e Pedro Malan, parcialmente revertida nos governos petistas, de internacionalização do mercado bancário brasileiro, que ainda é controlado por grandes bancos nacionais. Atenção para as clivagens: a Febraban não representa os mesmos interesses que a chamada "Faria Lima". A palavrinha "mercado" é insuficiente para designar o capital financeiro. A "Faria Lima", conforme indicamos, está mais ligada ao capital financeiro estrangeiro e associado e, não por acaso, é um centro de apoio ativo ao governo Bolsonaro e de crítica ácida à equipe de transição do governo Lula.

A Confederação Nacional da Indústria (CNI), por intermédio de seu presidente Robson de Andrade, declarou apoio ao novo ministro da Fazenda, que afirma ter a pretensão de reindustrializar o país, e fez declaração enfática em favor de Aloizio Mercadante, o indicado por Lula para a presidência do Banco Nacional de Desenvolvimento Econômico e Social (BNDES). Seguramente, Andrade está saudoso do imenso orçamento do qual dispunha esse banco público nos governos petistas e das taxas de juros subsidiadas, principalmente a de longo prazo (TJLP), para as grandes empresas nacionais do setor produtivo, orçamento e taxas que foram radicalmente alterados desde o governo Temer em benefício do capital financeiro e, sobretudo, de sua ala internacional. Os grandes industriais já obtiveram um formidável avanço nas reformas neoliberais contra os trabalhadores e, agora, satisfeitos com tudo o que obtiveram na condição de burgueses *tout court*, podem mudar de lado, querendo recuperar as benesses que gozavam, como a parte específica da burguesia composta pelas grandes empresas produtivas nacionais, durante os governos do PT.

A Fiesp, que foi sede da agitação golpista em 2015 e 2016, elegeu como presidente um industrial brasileiro que vocaliza as aspirações pelo crescimento da indústria, afastou-se de Bolsonaro e se aproximou do governo Lula ainda em formação. Esses movimentos no interior da classe capitalista, que nada mais são que redefinições no fracionamento da burguesia, não se dão sem conflitos e crises. Paulo Skaf, antigo presidente da Fiesp e bolsonarista de primeira hora, tenta, no momento em que escrevemos, um golpe para destituir o novo dirigente da entidade. Como em sua campanha pelo *impeachment* de Dilma, ele mobiliza a média burguesia industrial interna do estado de São Paulo, cujas insatisfações ele se especializou em insuflar, mas sem tomar iniciativa no sentido de organizar uma pauta de reivindicações que alterasse para melhor a posição das médias empresas industriais no interior do bloco no poder do Estado brasileiro. No conflito entre a grande burguesia interna e a grande burguesia associada, a média burguesia interna tem funcionado como uma fração burguesa distinta, mas ela tem sido acionada em proveito de uma das frações do grande capital sem se formar como fração burguesa autônoma que agiria guiada por um programa próprio. Existe também uma média burguesia associada. Trata-se, por exemplo, das pequenas e médias empresas cuja produção e mercado crescem na medida em que cresce o capital estrangeiro internalizado na economia brasileira, como ocorre com as pequenas e médias empresas fornecedoras de insumos para as grandes empresas estrangeiras implantadas no país. Essa média burguesia associada tampouco se destaca como fração autônoma da classe capitalista, embora sua presença possa se refletir, tal qual ocorre com a média burguesia interna, no processo político nacional.

A análise dos conflitos entre as frações burguesas no interior do bloco no poder, já por si complexa devido à multiplicidade de clivagens que se entrecruzam na determinação dessas frações, à repercussão do processo político nacional sobre tal fracionamento e à decorrente instabilidade desse fenômeno, requer, ademais, a consideração da luta dos trabalhadores. Com efeito, o conflito intraburguês ocorre inserido no quadro geral do conflito distributivo de classe, que versa sobre a distribuição da riqueza produzida, ou, caso se verifique uma situação revolucionária, no quadro geral da luta de classes – manutenção do capitalismo ou transição ao socialismo.

IV

Dissemos que o conceito de fração burguesa é uma ferramenta teórica para análise dos conflitos de classes e de frações de classe. Mas, para além de sua dimensão teórica, é certo que a utilização desse conceito tem repercussões práticas: ele pode orientar a tática das classes populares. Ao esclarecer as bases objetivas dos conflitos entre os de cima, tal conceito permite, no mínimo, que os trabalhadores tenham clareza sobre as razões e a profundidade ou a superficialidade de tais conflitos e, no limite, pode orientar eventual tática, a depender da conjuntura concreta, de constituição de frentes políticas e até de alianças com esta ou aquela fração da burguesia. As tradições marxistas que operam em todas as conjunturas com a ideia de que a classe operária e demais classes trabalhadoras não devem, por definição, participar de frentes políticas que incluam setores da classe dominante consideram, também por isso, supérfluo ou equivocado o conceito de fração burguesa. No entanto, no período recente da história política brasileira, as diferentes classes trabalhadoras integraram, cada qual a seu modo, uma frente política dirigida por uma fração da burguesia brasileira – a grande burguesia interna bancária e produtiva –, frente política essa que possibilitou treze anos de governos ligados ao PT.

Daquilo que dissemos nos itens anteriores, talvez já se possa vislumbrar o quadro geral com o qual trabalhamos. Durante os governos do PT, formou-se uma frente política de classes e frações de classe que denominei frente política neodesenvolvimentista e que deu sustentação aos governos Lula e Dilma[11]. Essa frente era dirigida pela grande burguesia interna, isto é, seus interesses foram priorizados pela política de Estado. Situação complexa, posto que a grande burguesia interna era atravessada por outras clivagens, como aquela, que no Brasil

[11] Armando Boito Jr., "As bases políticas do neodesenvolvimentismo", em *Reforma e crise política no Brasil: os conflitos de classes nos governos do PT* (Campinas, Editora da Unicamp, 2018), p. 99-119.

é real, entre o capital industrial e o capital bancário. Apoiada pela maior parte do movimento sindical operário, por parte expressiva da baixa classe média, pelo movimento camponês organizado e pelos trabalhadores da massa marginal, essa frente permitiu também ganhos para as classes populares. Quando chegou a crise econômica do capitalismo e a situação piorou, num momento em que a luta do movimento sindical se encontrava em alta[12], a divisão no interior da burguesia perdeu seu antigo vigor diante do interesse comum dessa classe em jogar os custos da crise sobre as classes trabalhadoras. Essa foi uma das razões que levou parte da grande burguesia interna, que defendera o governo petista na chamada crise do Mensalão em 2005, a aderir ao movimento pela deposição da presidenta[13]. Mas houve outra razão que minou, passados dez anos[14], o apoio burguês à gestão do PT.

O governo Dilma – e essa é uma hipótese que lanço aqui – passou a tratar a grande burguesia interna como se fosse uma burguesia nacional, isto é, superestimou a profundidade do conflito entre, de um lado, as grandes empresas nacionais bancárias e produtivas e, de outro, o capital estrangeiro. A grande burguesia interna, embora concorra com o capital estrangeiro, mantém com ele uma relação de dependência e subordinação. Lideranças do PT, no entanto, chegaram a vocalizar a visão equivocada que superestima esse conflito. Afirmaram que a aliança com a "burguesia nacional", que o antigo PCB tentara aplicar sem sucesso na década de 1950, teria se tornado possível no Brasil do século XXI. Tal erro de avaliação apareceu no aprofundamento da integração do Estado e da economia brasileira ao grupo dos Brics, o que ficou claro na VI Cúpula do grupo, realizada em Fortaleza em julho de 2014, e também na política dos governos petistas para o Mercosul e o petróleo do pré-sal[15]. Diga-se de passagem, tais avanços só poderiam ser realizados se o

---

12 Armando Boito Jr., Andréia Galvão e Paula Regina Pereira Marcelino, "O neodesenvolvimentismo e a recuperação do movimento sindical brasileiro", em Armando Boito Jr., *Reforma e crise política no Brasil*, cit., p. 183-207.

13 Armando Boito Jr., "A crise do neodesenvolvimentismo e do governo Dilma Rousseff", em *Reforma e crise política no Brasil*, cit, p. 265-88.

14 Danilo Martuscelli, *Crises políticas e capitalismo neoliberal no Brasil* (Curitiba, CRV, 2015).

15 Para as divergências entre o a política do governo Dilma para o Mercosul e as aspirações da burguesia interna, ver Tatiana Berringer, "A frente neodesenvolvimentista e a política de integração regional nos governos do PT: ascensão e queda do regionalismo multidimensional", em Paul Bouffartigue, Armando Boito Jr., Sophie Béroud e Andréia Galvão, *O Brasil e a França na mundialização neoliberal: mudanças políticas e contestações sociais* (São Paulo, Alameda, 2019), p. 147-72. Sobre a VI Cúpula Brics, ver: <https://www.gov.br/mre/pt-br/

abalo na sustentação do governo junto à grande burguesia interna fosse compensado por uma política voltada para o médio capital e/ou pela mobilização popular. Voltando ao que dizíamos, vê-se em tal episódio um novo complicador na análise do conflito de frações. A equipe governamental tem papel ativo na definição da política de Estado, visto que este nunca é um instrumento passivo nas mãos da classe dominante ou da fração hegemônica no bloco no poder, o que significa que está aberta a possiblidade de surgirem conflitos entre a fração burguesa hegemônica e o governo que a representa[16].

Fato é que, a partir do golpe do *impeachment* – e aí incluído o governo Bolsonaro –, passou a predominar a unidade entre as frações burguesas. O conflito de frações não desapareceu, mas perdeu intensidade. A hegemonia da grande burguesia interna foi substituída pela hegemonia da grande burguesia associada e do capital imperialista, esses também subdivididos por outras clivagens além daquela, a nosso ver principal, que os opunha e opõe à grande burguesia interna. O programa da grande burguesia associada é, como dissemos, o neoliberalismo puro e duro. Boa parte desse programa contempla a grande burguesia interna, embora alguns de seus pontos a prejudiquem. Daí seu comportamento político pendular durante os últimos anos.

Essas são, a nosso ver, algumas das clivagens e das frações burguesas, organizadas ou em processo de organização, que vão definir a unidade e o conflito no interior da classe dominante e suas múltiplas relações com o terceiro governo Lula. Esse quadro complexo deverá entrar em consideração para que as classes populares definam sua tática na conjuntura que agora se abre.

Seja para recusar as pistas que ofereci, seja para desenvolvê-las, a palavra está com o leitor: qual é a relação da burguesia com este governo Lula?

canais_atendimento/imprensa/notas-a-imprensa/vi-cupula-brics-declaracao-de-fortaleza-15-de-julho-de-2014>; acesso em: 19 jan. 2023.

16 Décio Saes, "Estado capitalista e classe dominante", *Crítica Marxista*, Campinas, n. 12, 2001, p. 156-64.

A falência da Sexta República e a questão democrática

Breno Altman

A frente ampla que derrotou Jair Bolsonaro apresenta inequívoca natureza restauradora. Afinal, a defesa da Constituição de 1988 foi a marca de corte da aliança que levou o líder histórico do Partido dos Trabalhadores, Luiz Inácio Lula da Silva, novamente ao Palácio do Planalto. Desprovido de unidade programática, além da diversidade policlassista e pluripartidária, o arco de forças que interrompeu o ciclo da extrema direita encontrou, na bandeira de reconstrução da Sexta República, a peça essencial de sua viabilidade. Ao seu redor confluíram distintas correntes de esquerda, especialmente o PT, e variados setores da direita liberal, que haviam integrado o estado-maior do golpe contra a presidenta Dilma Rousseff, implementando a política econômica gerenciada por Henrique Meirelles (2016-2018) e Paulo Guedes (2019-2022).

Tais frações da burguesia, com frequência denominadas "centro democrático", embora tenham liderado a violação da ordem constitucional ocorrida por meio de um *impeachment* fraudulento, chocaram-se contra a ameaça de regressão autoritária representada por Bolsonaro. Ao contrário do levante militar-fascista de 1964, o golpe jurídico-parlamentar de 2016 destinava-se a mudar o governo, não o regime político. Expurgado o petismo da direção do Estado, o arcabouço fundado na transição pós-ditadura, classificado por Florestan Fernandes como "democracia restrita", era considerado relativamente adequado para os interesses da acumulação capitalista.

As limitações estruturais da Sexta República, aliás, exatamente no que diz respeito à questão democrática, levaram o PT ao voto contrário à nova Carta Magna, ainda que a tenha assinado em reconhecimento da legalidade. Ironicamente, seria esse mesmo partido, cuja bancada constituinte era integrada por Lula, que assumiria, quase 35 anos depois, a vanguarda de uma coalizão soldada pelo alinhamento aos marcos constitucionais rejeitados no passado. Uma boa explicação para essa aparente contradição é que, diante do risco neofascista de impor alguma forma de ditadura, mesmo um modelo democrático-liberal dos mais precários poderia ser instrumento progressista. Ainda que esse argumento seja razoável, não altera a realidade identificada pelo petismo nos anos 1980: a Sexta República, no que diz respeito à ordem política, foi construída para impedir a hegemonia das classes trabalhadoras, a superação dos pilares fundamentais do capitalismo brasileiro e a própria democratização do Estado.

As distintas alas e partidos das classes dominantes, naquele período histórico, estavam apavorados com a escalada do movimento operário e popular. Receavam que esse cenário pudesse levar à eleição de um presidente disposto a romper com o pacto da transição conservadora – o nome mais temido, então, era o de Leonel Brizola. Esse medo estimulou concessões sociais, mas também uma escalada para proteger a hegemonia burguesa por meio de mecanismos que solapassem a soberania popular. Alguns setores se abraçaram ao parlamentarismo, contando com o entusiasmo ingênuo de vozes progressistas e até de esquerda, em boa medida contaminadas por uma leitura eurocêntrica sobre o grau democrático supostamente superior desse modelo. O que viria a prevalecer, no entanto, seria um presidencialismo híbrido, marcado por hipertrofia do parlamento, manipulação do sistema eleitoral, autonomização corporativa dos aparatos de justiça e repressão, sonegação de instrumentos para a democracia direta, monopólio dos meios de comunicação e proteção do partido fardado.

Alguns elementos desse sistema político merecem destaque por ilustrarem as restrições inseridas na Constituição de 1988 ou embutidas em legislação infraconstitucional:

1. **Preservação da tutela militar.** O artigo 142 da CF, ao definir o papel das Forças Armadas, colocou sob a jurisdição dessa instituição a "defesa da pátria", como seria natural, mas também "a garantia dos poderes constitucionais, e por iniciativa de qualquer destes, da lei e da ordem".

Ainda que a formulação seja ambígua, o texto prescreve a função de guarda pretoriana aos estamentos armados.

2. **Fortalecimento abusivo do Senado Federal.** Diferentemente do que ocorre na maioria das repúblicas, a câmara alta brasileira tem poderes legislativos plenos, ultrapassando a lógica de instância revisional que, com frequência, prevalece em modelos bicamerais. Como são três os representantes eleitos por estado, não importa o número de eleitores, essa dinâmica estabelece um curral potencialmente conservador, graças ao peso das menores províncias, em geral mais atrasadas e reacionárias.
3. **Desproporcionalidade da Câmara dos Deputados.** A base essencial das democracias eleitorais, determinada pelo atrelamento da representação a um contingente relativamente fixo de sufragistas, inexiste no sistema brasileiro. Com a fixação de piso e teto na quantidade de deputados por estado, produz-se uma deformação estrutural, novamente em favor das regiões menores. Segundo dados do Tribunal Superior Eleitoral (TSE) relativos às eleições de 2022, o quociente eleitoral do Acre, que tem direito a um mínimo de oito parlamentares, foi de 54,3 mil votos, enquanto o de São Paulo, com cota máxima de setenta cadeiras, bateu em 332,3 mil.
4. **Sistema eleitoral clientelista e plutocrático.** O modelo de votação proporcional no Brasil, de originalidade quase absoluta, é ancorado no sufrágio nominal. Vota-se em pessoas, não em partidos, com o quociente de cada legenda fixado pela soma desses votos, para estabelecer a devida proporcionalidade em cada estado. Esse mecanismo despolitiza a disputa, favorecendo o clientelismo, o poder econômico e a evidência midiática. Também induz à preponderância da concorrência interna nas legendas, pois o que importa é superar os demais candidatos da mesma agremiação. Os partidos acabam transformados, na imensa maioria, em cartórios destinados a negociar vagas e recursos financeiros propiciados pelo fundo estatal. Por fim, tal arranjo também satisfaz os movimentos políticos do capital, porque facilita a formação de bancadas transversais e *lobbies* de interesses empresariais, regados por contribuições de todos os tipos, legais e ilegais.
5. **Sequestro da governabilidade.** A existência das emendas parlamentares individuais ao orçamento, de natureza impositiva, é apenas uma das anomalias do presidencialismo brasileiro, no que diz respeito às relações entre governo e legislativo. A mais grave talvez seja o contingenciamento das proposições executivas: em vez de o parlamento ter prazo para derrubar

uma medida provisória, ao fim do qual a proposta estará automaticamente convertida em lei, se não houver votos suficientes para rejeitá-la, é o governo que tem um tempo determinado para aprovar essa medida, sob o risco de sua caducidade. Comparada com outros modelos presidencialistas, a variável brasileira está entre as mais avarentas em ofertar instrumentos de poder para o chefe de Estado e governo.

6. **Bloqueio à democracia direta.** Apenas o Congresso pode convocar plebiscitos e referendos, inexistindo esse direito para o presidente da República ou para a própria população, a partir de um percentual estabelecido do eleitorado. Diante de eventuais conflitos entre o governo e o parlamento sobre agendas relevantes, a máxima autoridade do país não pode chamar a sociedade para exercer sua soberania, que tampouco pode se autoconvocar, mesmo estando escrito no texto constitucional que "todo poder emana do povo". Tampouco há previsão legal para referendos revogatórios de mandatos, atribuindo aos parlamentares de cada esfera da federação o monopólio sobre processos de *impeachment* e a cassação dos próprios pares, salvo exceções atribuídas ao poder Judiciário.

Essas são algumas das principais raízes do cipoal institucional que caracteriza a Sexta República. Trata-se de uma construção irregular que atravessa praticamente quatro décadas, na qual se abrem frestas de contestação – como é o caso dos cinco triunfos de candidatos petistas desde 2002 –, mas cuja tendência dominante é profundamente oligárquica e antidemocrática.

Seria razoável identificar, ademais, que tal sistema vive uma crise desde os anos 1990, quando foi naturalizado como "presidencialismo de coalizão", para tomar emprestado o célebre e superficial conceito do sociólogo Sérgio Abranches. As características do modelo tornaram imprescindíveis para a governabilidade, em um padrão hiperbólico, ferramentas mercantis como cotização de poder, dotação de verbas orçamentárias, favorecimento a grupos e indivíduos, entre outros. No limite, as portas foram escancaradas para a compra de votos e o financiamento ilegal de campanhas.

Esses aspectos mais putrefatos, ainda que secundários, impulsionaram um sentimento de insatisfação crescente na opinião pública. Porções significativas da população passaram a enxergar na podridão do sistema a causa da decadência social e econômica provocada pelo neoliberalismo. O auge dessa percepção provavelmente ocorreu em 2013, durante as chamadas "Jornadas de Junho". À esquerda, foram às ruas os insatisfeitos com o ritmo e a profundidade das mudanças iniciadas em 2003, inseridas na estratégia petista de adotar um programa distributivista por dentro do sistema, sem colocar como objetivo sua ultrapassagem ou mesmo uma reforma estrutural. À direita, cidadãos majoritariamente dos extratos médios e altos, espremidos pela prioridade flagrante do governo aos mais pobres e convencidos por um discurso no qual a corrupção aparecia como explicação mobilizadora para o rebaixamento relativo desses segmentos sociais.

Talvez a única liderança de relevo que percebeu tanto a envergadura quanto a oportunidade daquela crise tenha sido a então presidenta Dilma Rousseff. Ao propor a convocação de uma Constituinte exclusiva para o sistema político, apontou para um caminho de democratização do Estado no qual a hegemonia burguesa poderia ser encurralada e, eventualmente, quebrada, a exemplo do que ocorrera na Venezuela de Chávez no início do século XXI. Essa proposta, porém, foi triturada pela direita liberal que integrava o governo e abandonada pelas correntes de esquerda, incluindo o PT. Sem força política e social para bancar essa ideia, a presidenta se viu obrigada a arquivá-la.

O empuxo dessa crise sobre a institucionalidade, contudo, continuaria nos anos seguintes. Havia sido um ensaio geral para as crescentes franjas antissistema do campo conservador, galvanizadas pela cultura neofascista que desembocaria na eleição de Jair Bolsonaro, depois de alimentadas pela operação Lava Jato. A extrema direita, que daria base de massas para a empreitada golpista de 2016, também foi beneficiada por ter a exclusividade do discurso contra a ordem, na qual o petismo estava acomodado e desempenhara, por ser governo, um papel protagonista. As consequências desse cenário se arrastariam pelo menos até as eleições de 2018.

Por sua vez, a derrota eleitoral sofrida pelo ex-capitão está longe de significar a superação da crise do sistema político, ainda que produza um hiato favorável às forças que sustentam a recuperação plena de seu funcionamento. Todos os fatores orgânicos de corrosão do consenso social seguem presentes, apenas temporariamente esmaecidos pela sensação de que foi evitado um mal maior. Seria ilusão eventualmente fatal, todavia, se essa pausa provisória conduzisse à inversão de causalidade: o bolsonarismo é produto da crise sistêmica, não seu criador. Deve ser entendido como resposta reacionária à falência da Sexta República, encarnando uma difusa alternativa de ruptura, ou de "revolução conservadora", se adotarmos uma expressão proposta pelo filósofo Vladimir Safatle.

Se a coalizão liderada por Lula e o PT restringir seu horizonte à reconstrução do velho sistema, provavelmente será reproduzido, sabe-se lá com qual contorno e escala, o impasse que levou à derrubada do governo Dilma Rousseff e à emergência do neofascismo. Mesmo que seja necessário um processo relativamente longo de maturação, que atravesse o mandato presidencial atual, a esquerda dificilmente colherá bons frutos se não for capaz de oferecer uma perspectiva de superação progressista do sistema. O ponto de chegada dessa travessia pode ser inspirado pelos idos de 2013: a convocação de uma nova Assembleia Nacional Constituinte, eleita como instituição exclusiva, democrática e soberana, na qual seja fecundada e parida a Sétima República, enterrando de vez o cadáver insepulto da transição conservadora dos anos 1980 e inaugurando uma ordem política na qual as classes trabalhadoras possam avançar para conquistar, além do governo, o comando integral do Estado.

A Defesa na defensiva

João Quartim de Moraes

A ditadura militar terminou oficialmente em 15 de março de 1985, mas, como diria Leonel Brizola, deixou muitos filhotes dentro e fora das Forças Armadas. No campo democrático, os mais otimistas estimavam tratar-se de meros "bolsões de nostálgicos" desses tristes tempos, quando um punhado de generais definia o interesse e a segurança nacionais e as oposições não consentidas eram suprimidas com choque elétrico e assassinatos seletivos.

Os fatos, entretanto, não corroboraram essa expectativa. Desde junho de 2013, ativaram-se as bases sociais da reação em uma furibunda campanha antipetista, que não logrou impedir a reeleição da presidente Dilma Rousseff em outubro de 2014, mas manteve a ofensiva, aproveitando as graves dificuldades econômicas que se manifestaram a partir de 2015. A destituição dela em 31 de agosto de 2016, ao termo de grotesca chicana parlamentar, marcou um grande triunfo da reação no plano das instituições, mas que poderia ser revertido na eleição presidencial de 2018. Moro e seus parceiros da Lava Jato assumiram a missão de inviabilizar essa possibilidade. Eles a executaram por meio de dois julgamentos escandalosamente iníquos e facciosos, com tramitação acelerada (primeira instância em julho de 2017; segunda instância em janeiro de 2018), a tempo de permitir uma condenação que impedisse Lula de se candidatar. Tentando reverter esse golpe judiciário, um pedido de *habeas corpus* para ele foi apresentado ao Supremo Tribunal Federal (STF), que fixou a data de 4 de abril de 2018 para julgá-lo.

Foi esse o contexto da primeira intervenção militar de graves consequências políticas desde a promulgação da Constituição de 1988. Sabia-se que no STF havia empate de cinco votos a favor e contra o pedido de *habeas corpus*. Cabia o desempate à presidente Rosa Weber, até então contrária à prisão de condenados antes do trânsito em julgado. No dia 3 de abril, véspera do voto decisivo, o general Eduardo Villas Bôas, comandante do Exército, divulgou um comunicado declarando "à nação que o Exército Brasileiro julga compartilhar o anseio de todos os cidadãos de bem de repúdio à impunidade e de respeito à Constituição, à paz social e à democracia, bem como se mantém atento às suas missões institucionais". O aviso do Exército pesou muito para decidir a ministra a votar contra o *habeas corpus*. No dia 5 de abril, Moro expediu o mandado de prisão de Lula. Os autointitulados "cidadãos de bem", dos quais Villas Bôas, Moro et caterva se fizeram os intérpretes, afiaram as garras.

Naquele momento, a perspectiva de vitória de Bolsonaro ainda não se tinha configurado. Mas o objetivo principal dos partidos de direita – vetar a candidatura de Lula – fora atingido. Eles não conseguiram, entretanto, encontrar candidato neoliberal bem-comportado, que desfrutasse de respeitabilidade burguesa, da confiança do *agrobusiness*, dos financistas e da grande indústria, que arrebanhasse os votos perdidos pelo PT e os somasse a seu eleitorado cativo. Prevaleceu o candidato extremista de direita, grosseiro, demagogo, "antissistema", apologista da tortura e das execuções em massa, ao qual o militarismo e o lavajatismo aderiram abertamente. A ala mais civilizada da burguesia permaneceu neutra no segundo turno – quando não votou envergonhadamente no "mito" dos fanáticos.

Criticamos à exaustão, em "Alfred Stepan e o mito do poder moderador"[1], a justificação menos grosseira, mas igualmente falaciosa, da extrapolação da função militar. Requentando uma velha ideia, o "brasilianista" estadunidense tentou conferir estatuto teórico à noção de "poder moderador", que no Império era atribuído ao monarca, mas na República teria sido assumido pelos militares. A analogia é superficial, e a fragilidade de sua fundamentação histórica não resiste a uma análise minimamente informada. Mas isso não impediu sua utilização recorrente por defensores do intervencionismo militar.

---

1 João Quartim de Moraes, "Alfred Stepan e o mito do poder moderador", Denis Rosenfield (org.), *Filosofia política*, v. 2 (Porto Alegre, L&PM, 1985).

Cabe, ainda, outro esclarecimento terminológico a respeito da caracterização da ditadura de 1964-1985 como "civil-militar", que prosperou na última década. Os autores dessa inovação pretendiam pôr em evidência a forte participação "civil" no golpe e no regime, mas não compreenderam que a expressão "ditadura militar", consagrada ao longo das lutas de resistência que se estenderam até 1985, não pretendia explicitar o conteúdo de classe, mas o modo de exercício do poder político daquele regime. Entre 1964 e 1985, a cúpula do aparelho militar monopolizou o poder soberano de tomar decisões em última instância, acima das leis constitucionais, bem como o cargo de presidente (reservado com exclusividade aos generais de quatro estrelas e de garras afiadas). Quanto ao conteúdo social da ditadura, ela estava a serviço da grande indústria, da alta finança e do latifúndio. Mesmo levando em conta o apoio que ela recebeu por parte das parcelas reacionárias da pequena burguesia, colocar "civis" na definição da ditadura, além de confundir base social e poder de Estado, dilui diferenças e contradições da impropriamente chamada "sociedade civil" numa noção nebulosa que inclui os que jantam no Fasano e os que dormem embaixo da ponte.

Essas observações permitem determinar as características do intervencionismo militar no contexto da dinâmica reacionária desencadeada em 2013 e suas conexões com a ascensão de Bolsonaro. Ambos se inscreveram na mesma vaga reacionária, mas o primeiro correspondeu à ativação da direita antipetista e lavajatista nos meios militares, enquanto o segundo prosperou como fenômeno de massa, ao juntar revanchismo da pequena burguesia, assustada com a melhoria do poder aquisitivo das massas populares nos governos Lula e Dilma ("aeroporto está virando rodoviária"), obscurantismo teocrático, anticomunismo histérico etc. O apoio material ostensivo do *agrobusiness* e dos capitalistas predatórios reforçou a mobilização reacionária.

O intervencionismo impulsionou o bolsonarismo

Quem saiu na frente da escalada intervencionista foi o general Hamilton Mourão. Em 17 de setembro de 2015, exercendo a chefia do Comando Militar do Sul, ele criticou abertamente e em público a presidente Dilma Rousseff. Insubordinação grave, já que era ela a chefe suprema das Forças Armadas. O general Villas Bôas, então comandante do Exército, exonerou Mourão, relegando-o a um cargo administrativo. Mas ele próprio, entusiasta da Lava Jato e da satanização de Lula, proferiu, dois anos e meio depois, quando a relação de forças estava já toda favorável à direita, a ameaça chantagista ao STF que pesou decisivamente no processo eleitoral de 2018.

Eleito presidente, Bolsonaro retribuiu o apoio dos generais cooptando-os para cargos no governo e aumentando em cerca de 70% a distribuição aos oficiais da reserva de sinecuras e outras vantagens em empregos federais de conteúdo não militar. O retorno do militarismo ao núcleo do poder de Estado contaminou também as forças policiais. Já foram amplamente apontados os retrocessos culturais e civilizatórios promovidos de 2019 a 2022 pelo presidente criptofascista e seus asseclas. O fanatismo bíblico dos talibãs pentecostais e de outros "moralistas" sexuais histéricos viabilizou reiteradas violações do caráter laico do Estado brasileiro, atropelou a ciência e a criatividade cultural, ativando o que havia de mais ignaro e tenebroso nas entranhas da sociedade.

Em 2022, quando estava em busca da reeleição, Bolsonaro não renunciou aos métodos golpistas (ele e sua claque contestaram, sem qualquer base, a confiabilidade das urnas eletrônicas), mas adotou à própria maneira a tática eleitoral, servindo-se maciçamente de dinheiro público para arrebanhar votos e caucionando a criminosa operação promovida pelo então chefe da Polícia Rodoviária Federal (PRF), que usou seus efetivos para impedir, no segundo turno, o comparecimento às urnas do eleitorado de regiões onde Lula havia obtido ampla maioria no primeiro. Esses crimes eleitorais não impediram a derrota do "mito" criptofascista, mas lhe permitiram perder por muito pouco (49,1%, contra 50,9% para o candidato da frente ampla democrática). Não nos parece, no entanto, que se possa inferir dessa aritmética eleitoral que a sociedade brasileira esteja dividida ao meio em dois campos antagônicos. Os seguidores de Bolsonaro são muitos, mas bem menos numerosos que o conjunto dos que nele votaram em outubro de 2022. Com efeito, descontando os votos obtidos pelo uso desabrido da máquina estatal, bem como os do vasto contingente dos antipetistas que teriam votado em qualquer candidato à direita, chegamos mais perto da barulhenta parcela de eleitores para os quais o chefe da extrema direita é a primeira opção.

A escolha de José Múcio Monteiro para ministro da Defesa trouxe perplexidade. Elogiado por Bolsonaro, bem recebido pela cúpula das Forças Armadas, ele assumiu a incumbência de coordenar a transmissão dos comandos das três forças. Tarefa difícil. No topo da hierarquia predominava a animosidade em relação ao presidente eleito. A acintosa cumplicidade de muitos militares e policiais, de alto a baixo da hierarquia, com os bandos de bolsonaristas que apelavam por um ato de força que rompesse a Constituição, tornava ainda mais pesado o ambiente. Negociar era preciso. Nada, porém, obrigava Múcio Monteiro a corroborar as mentiras a respeito do caráter "pacífico" dos golpistas fanáticos acampados diante dos portões dos quartéis, bloqueando vias públicas, promovendo arruaças violentas como as de 12 de dezembro em Brasília e atentados terroristas, como o que se frustrou no dia 24 seguinte. A orgia destrutiva da marcha fascista sobre Brasília em 8 de janeiro, que copiou servilmente a invasão do Capitólio dois anos antes e culminou no assalto às sedes dos poderes da República, talvez tenha aberto os olhos do ministro, mas lhe tirou credibilidade: confiar nas intenções pacíficas de celerados foi, no mínimo, um erro grosseiro de avaliação.

À guisa de programa, o ministro anunciou que pretende "despolitizar" e "despartidarizar" as Forças Armadas, sob o argumento de que, por serem "instituição de Estado", elas não devem "participar de política". Vocabulário frouxo, linguagem ambígua. As ideias políticas permeiam as relações sociais. Não nos parece viável, nem sequer desejável, "despolitizar" os militares no sentido de que deixem de ter opiniões e convicções sobre os assuntos de interesse social e nacional. O que importa é isolar e neutralizar os oficiais golpistas e criptofascistas que extrapolaram suas funções constitucionais para subverter o Estado democrático de direito, como Mourão em 2015, Villas Bôas em 2018, o sinistro grupo de bobos da corte de Bolsonaro durante sua presidência e os que se acumpliciaram com os acampamentos neofascistas sediciosos nos portões dos quartéis. É esse o único significado positivo e objetivo do que deve ser a "despartidarização".

Tudo indica que, a depender de Múcio Monteiro, esse processo será longo. A duração importa menos, porém, que caminhar efetivamente na direção certa. Não é o que indica a decisão tomada pelo ministro de adotar o critério da antiguidade para designar os comandantes das três forças, renunciando à prerrogativa constitucional do presidente de escolher os altos mandos das Forças Armadas e deixando-a entregue a um fator aleatório (a contagem do tempo de serviço dos generais). Essa dispensável concessão é tanto mais danosa que a pretensão de constituir um corpo autárquico é um aspecto tão característico do militarismo quanto o intervencionismo. É do general Silvio Frota, demitido por Geisel do cargo de ministro do Exército em 12 de outubro 1977 por se opor à desativação da máquina de tortura dos DOI-Codi, o mais claro enunciado dessa pretensão: "Um ministro militar é [...] primordialmente, o representante e defensor de sua força junto ao presidente e, secundariamente, um delegado deste na instituição". Em caso de confronto com o presidente, "impõe-se ao titular da pasta solidarizar-se com o pensamento de sua força".

A despeito de seus poderes ditatoriais, Geisel teve de recorrer a uma difícil manobra na cúpula militar para se desembaraçar de Frota e dos torturadores que este protegia. Mas o "autarquismo" atravessou a ditadura militar e segue impávido no Brasil de 2023. Para quem não sabe, Bolsonaro e seus parceiros são grandes admiradores do general exonerado em 1977.

Desafios econômicos na nova era Lula

Adriana M. Amado
Maria de Lourdes Rollemberg Mollo

Vários desafios se apresentam para a construção de uma democracia não apenas política, mas econômica e social. O primeiro relaciona-se com a necessidade de difundir a inexistência de pensamento teórico único em economia. A dominância do pensamento econômico neoliberal, com aval da mídia conservadora, prejudica a discussão de temas ligados às políticas fiscal e monetária, apresentando falsa homogeneidade em sua origem.

A defesa da austeridade fiscal a qualquer custo é um exemplo. Isso ocorre apesar de os dados negarem sua eficácia para melhorar a situação financeira do Estado e, assim, dar credibilidade e confiança para os empresários levarem o país a crescer, como amplamente anunciado. Desconhece-se, também, os argumentos teóricos críticos do neoliberalismo, os quais explicariam melhor os resultados negativos alcançados.

O próprio termo austeridade fiscal supõe que os ajustes devem ser feitos pelo lado do gasto. Matematicamente, porém, o resultado pode decorrer de aumento da receita. Assim, pressupõe-se que o Estado é danoso para a economia. Daí a proposta de reduzir o tamanho do Estado e suas funções. Não há nada de ordem técnica, porém, que exija tal solução. Ao contrário, a visão crítica mostra que a política fiscal tem papel importante para alavancar crescimento da renda e do emprego e deve operar em particular em economias periféricas, com gargalos produtivos profundos, que precisam de elementos exógenos ao mercado para ser vencidos.

O crescimento econômico do Brasil se viu muito prejudicado pelas políticas de austeridade fiscal (gráfico 1), como foi anunciado ao se discutir sua implementação[1], devido ao choque recessivo que elas significaram[2]. As taxas de variação do PIB real não apenas são mais baixas a partir de 2014; elas chegam a ser negativas. Não por acaso, esse é o período que se inicia com a política de austeridade de Joaquim Levy. Após a crise que torna tais variações negativas, a demora para a recuperação é bem maior que a das crises anteriores, com o crescimento se arrastando até 2019 – antes, portanto, de um fator que poderia justificar tal atraso: a pandemia de covid-19.

É também a partir daí que os demais indicadores pioram. O gráfico 2 mostra o aumento da taxa de desocupação, que cresce muito do fim de 2014 ao início de 2017 e mantém-se até o fim de 2019 num patamar em torno de 12% – bem maior que o nível sempre abaixo de 8% verificado até 2014.

Gráfico 1: PIB real – variação (%)

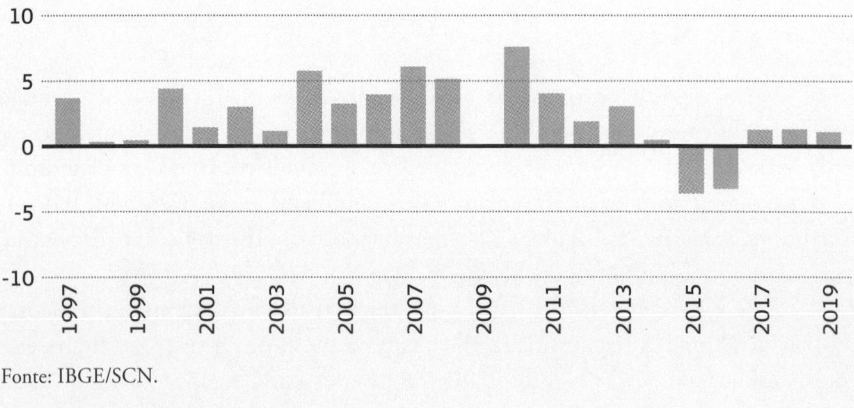

Fonte: IBGE/SCN.

[1] Luiz Gonzaga de Mello Belluzzo e Pedro Paulo Zahluth Bastos (orgs.), *Austeridade para quem? Balanço e perspectivas do governo de Dilma Rousseff* (São Paulo, Carta Maior/Friedrich Ebert Stiftung, 2015).

[2] Pedro Rossi e Guilherme Mello, "Choque recessivo e a maior crise da história: a economia brasileira em marcha à ré", *Nota do Cecon*, Centro de Estudos de Conjuntura e Políticas Econômicas, IE-Unicamp, n. 1, abr. 2017.

Gráfico 2: Taxa de desocupação contínua (%)

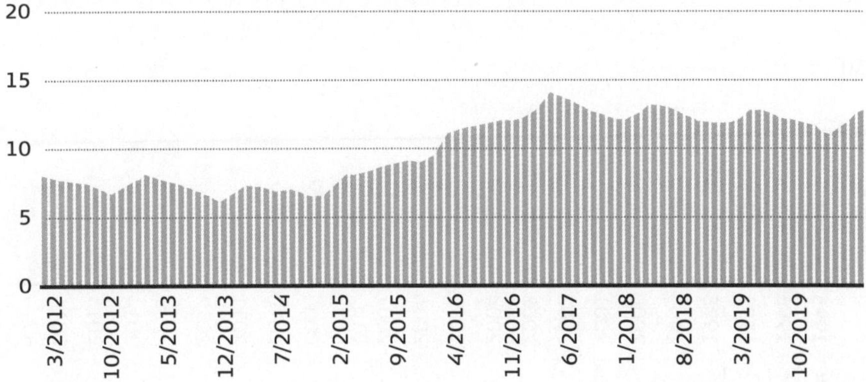

Fonte: IBGE/PNAD.

Gráfico 3: Índice de Gini

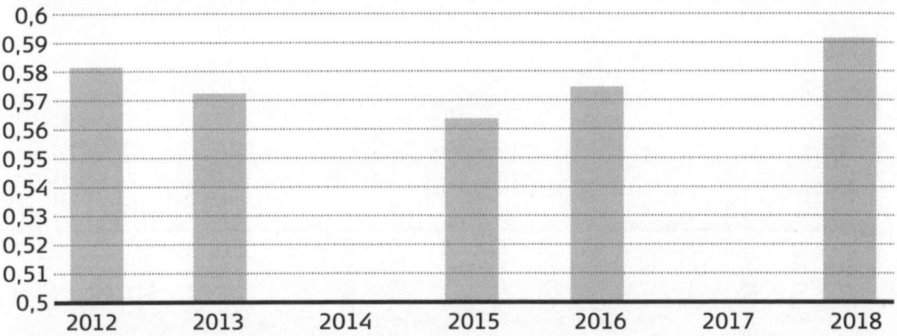

Fonte: FGVSocial/CPS, a partir de microdados da PNAD, PNADC trimestral e anual/IBGE.

Gráfico 4: População pobre (%)

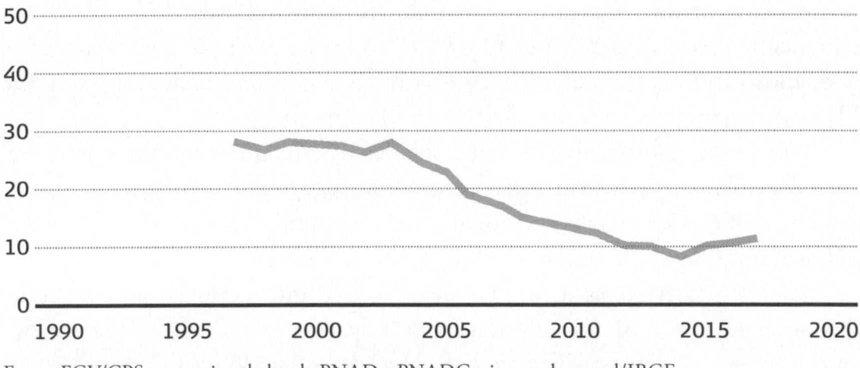

Fonte: FGV/CPS, com microdados da PNAD e PNADC trimestral e anual/IBGE.

Gráfico 5: Investimento/PIB (%)

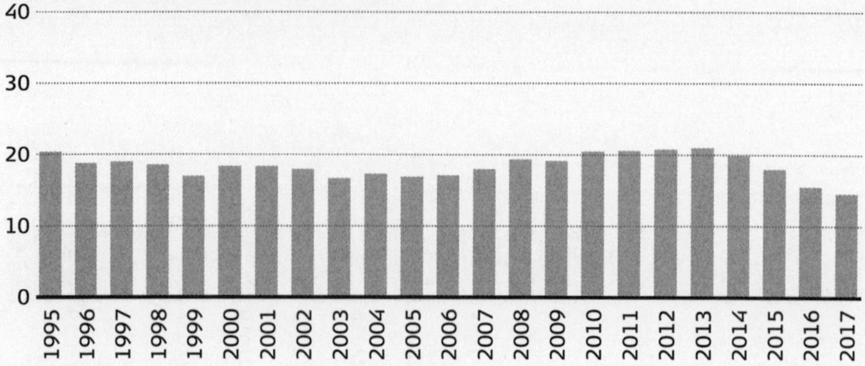

Fonte: IBGE/SCN.

Gráfico 6: Dívida pública total/PIB (%)

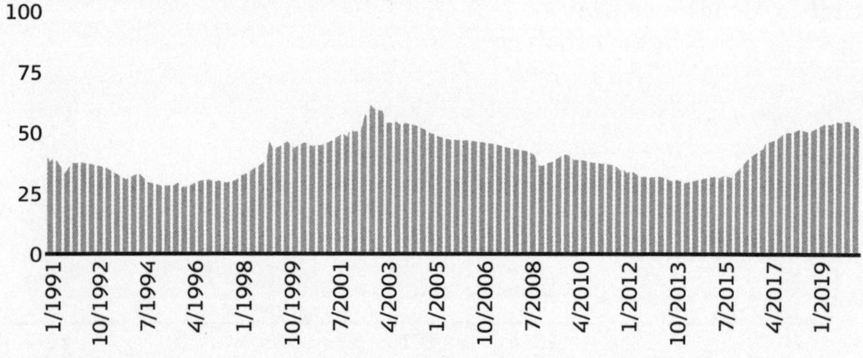

Fonte: Bacen, notas econômico-financeiras para a imprensa.

No gráfico 3, temos a piora dos índices de desigualdade de renda. O gráfico 4 apresenta o agravamento da pobreza também desde 2014 e, de novo, sem incluir a piora da pandemia. O gráfico 5 mostra a evolução do investimento que, após nítido crescimento de 2006 a 2013, alcançando então 20,91% do PIB, cai sistematicamente até 14,56% do PIB em 2017.

Todo esse esforço foi feito com o objetivo de criar uma situação de governo mais controlada do ponto de vista fiscal, o que, segundo seus defensores, baseados na visão teórica neoliberal, aumentaria a "credibilidade" na administração pública, levando a um maior crescimento da economia.

A justificativa teórica para tal alegação é de que o crescimento depende de fatores ligados à oferta, em particular à decisão privada dos empresários, cujo interesse em investir fica abalado quando o Estado gasta e para isso se endivida muito. Creem os neoliberais que esse endividamento torna o mercado inseguro com relação à capacidade de pagamento das dívidas estatais, além da preocupação com a inflação que, segundo eles, surgirá caso haja criação futura de meios de pagamento para cobrir a dívida. Defendem a redução dos gastos do governo, já que eles conduzem ao aumento do endividamento e, consequentemente, ao aumento das taxas de juros, o que inibe o investimento privado via *crowding-out* (deslocamento). Como o investimento privado é considerado por eles mais eficiente, esse argumento tira o apoio da política fiscal mesmo quando voltado para ampliar investimentos públicos.

Tal visão é contestada pelos críticos ao neoliberalismo. O que leva ao crescimento do investimento não é uma confiança imaginária na situação financeira do governo, mas o interesse em aumentar lucros, dependentes do desempenho da demanda agregada pelos produtos a serem produzidos. Para isso, nada mais eficaz que aumentos do consumo – ou do investimento. Se os gastos de consumo têm a vantagem de estimular os aumentos de produção, os gastos de investimento promovem ampliação da capacidade produtiva da economia, sendo particularmente importantes. Com estímulos adequados via demanda, gerando investimento e, então, crescimento da renda, têm efeitos positivos inclusive sobre as receitas governamentais e o equilíbrio fiscal.

A história econômica do Brasil mostra que a demanda interna tem papel de destaque no processo de crescimento econômico. O consumo tem se apresentado como variável particularmente importante para alavancar o crescimento. A situação de desemprego, pobreza, precarização do trabalho e salários baixos em que nos encontramos, fruto da austeridade fiscal, da reforma trabalhista e da reforma previdenciária – e agravada com a pandemia de covid-19 –, impede que essa variável cumpra seu papel alavancador do crescimento. Assim, além de uma questão urgente de justiça social, a retomada da política de redução da pobreza e geração de empregos é fundamental para a solidez econômica. Reestruturar o Bolsa Família, destruído pelo governo que se vai, e rever as reformas que arrasaram com a proteção ao trabalhador são urgentes nesse processo.

O investimento, porém, é também uma variável de demanda, uma vez que se constitui de demandas de insumos, matérias-primas e mão de obra para tocar o aumento da produção e da capacidade produtiva e para ampliar a produtividade, reagindo contra a desindustrialização e em favor de uma pauta de exportações mais competitiva. Ao aumentar a capacidade produtiva, o investimento reduz também pressões inflacionárias de médio prazo, já que garante aumento de oferta. Enquanto tal capacidade produtiva aumenta, o processo de investimento tende a espalhar os ganhos do processo de crescimento entre setores e regiões por meio de aumentos de empregos, ganhos salariais e remunerações de autônomos, de modo a reduzir a pobreza e a desigualdade. Estudos realizados com a matriz de insumo-produto brasileira mostram que essa é a variável de demanda que maior impacto tem sobre o crescimento das outras variáveis[3]. Em particular, é grande seu potencial de geração de efeitos de encadeamento para trás, ao produzir demanda de insumos provenientes de outros setores. Esse movimento amplia e espalha impactos benéficos e melhora as expectativas de rendimentos futuros das quais dependem os investimentos privados. Assim, o segundo desafio é ampliar os investimentos. O maior nível de investimento, induzido pelo Estado, pode gerar ganhos de competitividade via inovação, aumentos de oferta e maior nível de emprego. Círculos virtuosos se iniciam com gasto maior do governo, e o resultado pode ser arrecadação maior, melhorando o equilíbrio fiscal.

É o confronto entre os rendimentos esperados com o processo de investimento e os custos deste que impulsiona a decisão de investir, e o governo e as políticas fiscal e monetária têm papéis especialmente relevantes nesse processo. Cabe à política monetária não apenas o controle da inflação, como quer o novo consenso macroeconômico que guia o neoliberalismo, mas também estimular o investimento, via taxas reduzidas de juros, já que esse é o principal indicador de seus custos e pode influir positivamente sobre a decisão privada de investir.

As expectativas de ganhos dos empresários são subjetivas, o que requer, diante de pessimismos refletidos numa formação bruta de capital fixo reduzida como a que temos atualmente, uma atuação significativa do Estado na política fiscal, ampliando o investimento público. Não se trata de tomar o mercado da iniciativa privada, como pensam os neoliberais, mas de multiplicar renda e emprego, a fim estimular o investimento privado com melhores expectativas de ganhos. Assim, longe de provocar *crowding-out* do investimento privado, o investimento público produz *crowding-in*, alavancando-o por aumentar a renda e o emprego e, assim, a expectativa de maior demanda e rentabilidade.

Assim, o terceiro desafio é o de desmontar os esquemas criados para restringir os gastos do governo, em particular o teto de gastos. Este foi construído com a finalidade de reduzir seu papel ao longo do tempo – não contemplando nem o crescimento populacional nos gastos com educação, saúde e transporte, já claramente precários no país. Romper com o teto é, pois, fundamental.

---

[3] Maria de Lourdes Rollemberg Mollo, Milene Takasago e João Maria Oliveira, "Vinte anos de debate desenvolvimentista no Brasil", *Cadernos do Desenvolvimento*, Centro Celso Furtado, 2023, no prelo.

Valorizar o papel do gasto público não significa ir contra a responsabilidade fiscal. Qualquer governo que se fundamenta na essencialidade do Estado para, de forma deliberada, perseguir o crescimento e o desenvolvimento precisa zelar por sua situação financeira. Entretanto, a dominação do pensamento neoliberal e a difusão única de suas ideias impedem a sociedade de perceber que a situação dos déficits e da dívida pública crescente é consequência não de aumento de gastos, mas de redução da arrecadação, com a queda do crescimento econômico. Conforme Dweck, Rossi e Mello[4], o aumento da dívida, apesar da queda da taxa básica de juros no período, é resultado, em particular, do pagamento de juros e da queda da arrecadação em função do fraco desempenho econômico.

O quarto desafio é apresentar um programa de investimentos públicos que faça crescer a infraestrutura econômica e social, necessária inclusive para redução de custos que levem ao esperado aumento da rentabilidade dos investimentos privados. Com a situação atual, marcada pelo aumento da pobreza e das desigualdades sociais, é urgente o esforço de implementação da infraestrutura social nas áreas de saúde, educação e transporte. Além de resolverem problemas sérios da população brasileira, esses investimentos podem alavancar resultados significativos para vários setores e regiões ao demandar insumos tradicionais e modernos, e estimular a estrutura de produção como um todo.

Tais desafios são indispensáveis para a solução de vários outros, como os de garantir estabilidade social e distribuição mais justa de renda, condições primordiais em qualquer democracia.

[4] Esther Dweck, Pedro Rossi e Guilherme Mello, "Sobre o diagnóstico falacioso da situação fiscal brasileira", em Esther Dweck, Pedro Rossi e Ana Luiza Matos de Oliveira (orgs.), *Economia pós-pandemia: desmontando o mito da austeridade fiscal, construindo um novo paradigma econômico* (São Paulo, Autonomia Literária, 2020).

Caminhos e descaminhos do crescimento

Luiz Gonzaga Belluzzo

Em todos os cantos do planeta brotam sintomas de esgotamento da desordem econômica armada nas últimas quatro décadas. As políticas econômicas pós-1980 se afogaram no maremoto financeiro de 2008, mas os náufragos do pensamento econômico inspiradores da tragédia tentam nadar até a praia em um esforço para salvar o que restou de seu "capital intelectual".

Desvalorizados nos continentes do saber, os cabedais da assim chamada corrente principal buscam refúgio e revalorização em ilhas tropicais, hoje reconhecidas por sua estreiteza de horizontes e sua subordinação às avaliações dos brechós que negociam as curiosidades e absurdos do pensamento defunto.

Invoco um editorial recente lambuzado nas páginas da *Folha de S.Paulo*. Intitulado "Pela sexta vez", o escrevinhador-editorialista dispara:

> Os bolores de ideias obsoletas, no entanto, não foram totalmente varridos do repertório do chefe petista. Eles se acumulam nas propostas para a economia e na confusão de desenvolvimento econômico com intervencionismo estatal... Lula insiste em defender o fortalecimento de estatais em mercados como os de energia e o financeiro [...]. Advogar o fortalecimento do intervencionismo

econômico, no Brasil concreto, é cevar *lobbies* bem-posicionados que parasitam o Erário. Lula não entendeu, e isso preocupa, que o avanço da agenda social inclusiva que corretamente defende depende de fazer-se o inverso – afastar os caçadores de renda da esfera das decisões estatais.[1]

Entre ambiguidades e trepidações da mídia está sempre presente "o poder escravizador do minério brilhante, o ouro, ante cuja imagem se curva a grande vulgaridade do vaidosamente rico, do miserável orgulhoso", como ensinou o poema de Shelley. (O poder escravizador livrou-se do ouro e correu para se abrigar nas modernas traquitanas eletrônicas do PagSeguro.) O poema foi escrito nos primórdios do século XIX, sob os eflúvios do Iluminismo e da Revolução Francesa. Eflúvios que encantaram e mobilizaram o jovem poeta. Seu entusiasmo iluminista e revolucionário extravasou para a imprensa cartista, empenhada em defender os deserdados da Revolução Industrial em curso. Naquele momento, o jornal *Northern Star* fazia campanha pela reforma política e publicou uma longa reportagem a descrever a acusação e posterior prisão do editor Edward Moxon, por publicar o poema "Queen Mab". Moxon sofreu as penas da "lei da blasfêmia", um jabuti do *ancien régime* pendurado na árvore frondejante do liberalismo inglês.

Os jabutis pendurados nas cavernas liberais resmungam que a sociedade é constituída mediante a agregação dos indivíduos, articulados entre si por nexos externos e não necessários, como os que atavam Robinson Crusoé a Sexta-Feira. Essa operação ideológica permite conceber as relações entre Estado e mercado como instâncias antitéticas da vida social.

Jean-Jacques Rousseau escreveu em *Discurso sobre a economia política*:

> O corpo político, tomado individualmente, pode ser considerado como um corpo organizado, vivo, assemelhando-se ao do homem. O poder soberano representa a cabeça; as leis e os costumes são o cérebro, a fonte dos nervos e sede do entendimento, vontade e sentidos, dos quais os juízes e magistrados são os órgãos: comércio, indústria e agricultura são a boca e o estômago que preparam a comum subsistência; a renda pública é o sangue, que uma economia prudente, na execução das funções do coração, faz com que se distribuam através de todo o corpo nutrição e vida.[2]

---

1 "Pela sexta vez", *Folha de S.Paulo*, 9 mai. 2022. Disponível em: <https://www1.folha.uol.com.br/opiniao/2022/05/pela-sexta-vez.shtml>; acesso em: 12 fev. 2023.

2 Jean-Jacques Rousseau, *Discurso sobre la economía política* (Madri, Tecnos, 1985).

Na visão da *Folha*, cabeça, tronco e membros estão desarticulados. Estado e mercado deixam de ser instâncias da constituição da sociedade dos indivíduos enquanto sistema histórico de relações sociais, políticas, econômicas, e passam a representar alternativas contrapostas de organização da sociedade. Na contramão de Rousseau, a visão do liberalismo das cavernas pressupõe um Estado "intervencionista", uma cabeça intrusa em seu próprio organismo. Desde o início dos anos 1980 – sob a liderança de Ronald Reagan e Margaret Thatcher e revigorado pela teoria das expectativas racionais –, o pensamento cavernoso desatou uma desaçaimada ofensiva global – ideológica e política – contra as práticas do Estado regulador e os direitos criados pelo Estado do bem-estar.

Munidos de seus tacapes e escorados na hipótese das expectativas racionais, os cavernosos expediram uma sentença condenatória ainda mais dura contra a intervenção do Estado, ao proclamar a ineficácia das políticas fiscal e monetária em sua vã pretensão, assim diziam, de limitar a instabilidade cíclica e promover o crescimento da economia.

Os governos logo haveriam de aprender: os agentes racionais que povoam os mercados sabem exatamente qual é a estrutura da economia e, usando a informação disponível, são capazes de antecipar sua evolução provável. Não se deixam enganar, nem por um momento, pelo velho truque de estimular a atividade econômica com os anabolizantes nominais da política monetária leniente. Caso insistam nessa prática, políticos e burocratas voluntaristas, em vez de mais empregos, conseguirão apenas mais inflação, salvo na hipótese improvável de que possam surpreender e tapear permanentemente os sagazes agentes privados, implacavelmente racionais.

Trogloditas da liberdade econômica

Essa coleção de crenças está apoiada em esquemas conceituais grotescos. A turma das expectativas racionais entregou a chamada ciência econômica às forças do pensamento mítico, em nome da despolitização e da "limpeza ideológica".

A consequência dessa empreitada não foi apenas o irrealismo descuidado, mas as sucessivas e persistentes escaramuças para esconder o funcionamento concreto das economias capitalistas, um organismo em permanente transformação ao longo da história, na efetivação de suas leis de movimento. Sob o pretexto de enfrentar o corporativismo e a resistência dos "direitos adquiridos", os trogloditas da liberdade econômica propõem o retorno aos padrões primitivos nas relações entre as forças do capital e as debilidades do trabalho. Advogam o encolhimento do sistema de proteção social criado para impedir a desgraça dos mais fracos, o sofrimento da pessoa comum, atormentada pelas ameaças da precarização e do desamparo na saúde e na doença.

Esses são os princípios que conduzem as "reformas", tanto aquelas nos países desenvolvidos quanto as mimetizadas por governantes de países periféricos. Julgam, com esses programas, comprar o ingresso para o clube dos ricos. Estão, na verdade, trocando a saúde, a educação do povo e o sossego dos velhos por miragens. O rádio, a televisão e os jornais empenham-se em convencer os cidadãos da necessidade de se sacrificar, aceitar cortes nos gastos sociais, abdicar dos direitos ou encarar a destruição da economia. Morra nos hospitais sem médicos nem remédios. Em nome da "ciência" econômica, do Pai, do Filho e do Espírito Santo. Amém.

A complexidade do desenvolvimento asiático

A investigação sobre o desenvolvimento dos países asiáticos deu origem a uma volumosa bibliografia cuja estante não pode nem deve ser adornada pela etiqueta da oposição Estado *versus* mercado. Essa etiqueta binária oculta a complexidade das realidades asiáticas. Não pretendo pontificar a respeito de tais realidades, como o fazem os físicos e engenheiros da sociedade. Mas arrisco algumas sugestões. Julgo dignas de consideração:

1) a natureza e relevância da intervenção do Estado, particularmente das políticas industriais e de direcionamento do crédito;
2) a importância dos acordos implícitos e das relações de "cooperação" e "reciprocidade" entre os agentes relevantes;
3) a subordinação das políticas macroeconômicas ao arranjo autoritário e burocrático comprometido com a incorporação de novos setores "competitivos" à estrutura produtiva;
4) ajustamento da matriz educacional às exigências do crescimento acelerado e do avanço tecnológico;
5) a forma da inserção internacional.

Nessa "organização capitalista" prevaleciam os nexos "cooperativos" e de reciprocidade nas relações Estado-empresas, nas negociações entre os grandes conglomerados e seus fornecedores, na íntima articulação entre os bancos (em sua maioria estatais em Taiwan e na Coreia) e a grande empresa, no provimento de mão de obra capacitada e, finalmente, na "administração estratégica" do comércio exterior e do investimento estrangeiro.

O economista indiano Ajit Singh, em trabalhos sobre o desenvolvimento da Ásia, não hesitou em escolher, como fator crucial do sucesso do *catching up*, a capacidade revelada pelas economias asiáticas de transformar continuamente investimentos em lucros (poupança das empresas) e os lucros em investimento, bem como o investimento em ganhos de produtividade durante um longo período, sem que se insinuassem indícios mais sérios de fragilidade financeira. A isso o economista japonês Michio Morishima chamou de "combinação ótima" entre o máximo de competitividade e o máximo de cooperação e planejamento.

A China replicou à sua moda as experiências do Japão, da Coreia, de Taiwan e de Cingapura e iniciou sua escalada nos mercados mundiais, tornando-se a maior exportadora de manufaturas do planeta, desde o *low end* dos têxteis, vestuário e brinquedos até o *high end* da eletrônica de consumo, microprocessadores, bens de capital, robótica e outros componentes de informática e microeletrônica.

É impróprio, para não dizer empobrecedor, apontar o dedo para causas singulares do desempenho das economias asiáticas: a "educação", "a taxa de poupança" ou a "estabilidade macroeconômica". No caso da Coreia, a taxa média de inflação na década de 1960 foi de 17,4% ao ano, subindo para 19,8% nos anos 1970. (Essa é uma constatação histórica, não uma defesa de regimes inflacionários.) É vasta a literatura a respeito das políticas de estabilização dos países asiáticos, sempre administradas com múltiplos instrumentos e com o cuidado de não ferir a taxa de investimento e a competitividade das exportações.

A propósito da "estabilidade macroeconômica": até a eclosão da crise no segundo semestre de 1997, a resistência das economias asiáticas aos choques externos deve ser atribuída, em grande parte, à "repressão" financeira e aos controles estritos exercidos sobre os mercados cambiais. As operações cambiais estavam praticamente restritas à compra e à venda de divisas para saldar obrigações nascidas da balança de transações correntes. Os governos exerciam controles rigorosos sobre a conta de capitais.

O estudo do Banco Mundial[3] foi escrito na "fase de aquecimento" do ciclo de expansão comandado por uma imprudente "liberalização financeira" que culminou na crise cambial e monetária do fim de 1997. Tailândia, Coreia, Malásia juntaram a imprudência financeira ao vigor da acumulação de capital e de incorporação do progresso técnico para aumentar sua participação nos mercados mais dinâmicos e "competitivos" da economia mundial. Nesse período, a estagnação japonesa já exibia as consequências da "descompressão"

---

3 World Bank, *The East Asia Miracle*, Washington, 1993.

financeira que levou ao colapso dos preços dos imóveis e da bolsa de Tóquio no início dos 1990. Não demorou o estouro da outra bolha asiática insuflada por crédito externo.

Marcha à ré na história

Nas últimas semanas os editoriais dos jornais e os economistas do "mercado" fazem um movimento de marcha à ré na história. No planeta em que vivem os sabichões da pedra lascada não estão os Estados Unidos e China "queimando dinheiro" para vencer as batalhas empenhadas na conquista da fronteira tecnológica. Mais: uma guerra na qual um dos alvos não é Kiev ou Moscou, mas Berlim, a cidadela que os Estados Unidos pretendem conquistar para transportar a excelência tecnológica da indústria alemã ao território americano.

A cada quinze dias um pacote fiscal é lançado pelos chineses. Cada um com um alvo. O último, "só" de 200 bilhões de dólares voltado à geração de empregos urbanos para jovens entre 18 e 25 anos. A Coreia do Sul anuncia mais uma rodada de queima de dinheiro em praça pública: querem liderar a construção de chips de cinco nanômetros...

Na imprensa "especializada", nos editoriais dos grandes jornais e na caneta dos economistas tudo passa como se nada disso estivesse ocorrendo. E pior: é como se não estivéssemos em um país com dezenas de milhões de pessoas em plena insegurança alimentar ou passando fome. A deterioração do debate público é de tal magnitude que os financistas acolhidos no ministério da Fazenda de Bolsonaro não apenas furaram o "teto sagrado" seguidamente, como também prometiam a privatização do Banco do Brasil por valores irrisórios.

No entanto, diriam os sabichões das cavernas, a maior hecatombe estaria por vir no "rombo" de 2% do PIB, agora executado pelo "fura-bolo" da PEC da gastança. As "narrativas" dessa turma nos recordam as brincadeiras da primeira idade, quando as famílias ensinavam as funções dos cinco dedos das mãos às crianças: mindinho, seu vizinho, pai de todos, fura-bolo e mata-piolho.

Os desafios das relações internacionais do governo Lula

Valter Pomar

A invasão dos prédios do Palácio do Planalto, do Congresso Nacional e do Supremo Tribunal Federal (STF), no dia 8 de janeiro de 2023, por uma horda de extrema direita financiada e apoiada logisticamente por uma aliança cívico-militar, foi repudiada pela maior parte da chamada institucionalidade e, também, por toda a mal denominada "comunidade internacional", inclusive por governos... de extrema direita.

Desse fato, alguns deduzem que a extrema direita teria dado um "tiro no pé". Pode ser, até porque nós, da esquerda, não temos o monopólio daquela importante modalidade olímpica. Mas há sinais que apontam no sentido contrário. É o caso de pesquisas de opinião, novas mobilizações, atentados contra torres de alta tensão, declarações de próceres da direita e, principalmente, a resistência a substituir o ministro da Defesa e todos os comandantes militares culpados por ação ou omissão. Mas o principal motivo pelo qual não devemos acreditar que os tempos vindouros serão tranquilos é de natureza estrutural: a "união nacional" e internacional pela "democracia" não combina com os tempos de crise, de guerras e de rupturas em que estamos metidos não apenas no Brasil, mas em todo o mundo. Dito de outra forma: o que ocorreu no dia 8 de janeiro faz parte de uma operação golpista que segue em curso. E, para derrotar essa operação, é necessária a combinação de ações duríssimas de curto prazo com uma estratégia de médio prazo.

Façamos um exercício contrafactual e imaginemos como estaríamos caso o cavernícola tivesse vencido as eleições presidenciais: o Brasil seguiria uma economia primário-exportadora, marcada por brutal desigualdade social e por uma "democracia" com crescente presença da tutela militar, do paramilitarismo e da extrema direita. Pois bem, a vitória de Lula tirou Bolsonaro da presidência. Mas a dinâmica primário-exportadora, a tutela militar, o crescimento da extrema direita e do paramilitarismo não são obra de Bolsonaro. Pelo contrário, ele é um dos resultados dessa dinâmica. Logo, não basta deter o curso dos acontecimentos, é preciso atacar suas causas e reverter o processo. Sob pena de – não importa como, quando nem com que protagonistas – a extrema direita voltar à Presidência. Ou seja, as dinâmicas estruturais do país provocam, periodicamente, ciclos golpistas.

Seremos capazes de alterar as referidas dinâmicas? O que podemos afirmar com certeza é que, entre 2003 e 2016, os governos Lula e Dilma conseguiram melhorar a vida do povo – em relação ao *status quo* –, mas não conseguiram reverter as dinâmicas estruturais do Brasil. Não houve alteração qualitativa no peso e no papel da indústria, do agronegócio, do capital financeiro, do capital transnacional e do Estado; não houve alteração qualitativa no funcionamento e composição do Congresso Nacional; não houve mudança substancial na dinâmica das Forças Armadas e das polícias, no oligopólio da comunicação etc. Embora tenham ocorrido mudanças efetivas e benéficas para grandes parcelas do povo, os governos Lula e Dilma não transformaram a dinâmica geral da sociedade brasileira. Melhor dizendo: nem mesmo tentaram fazer as famosas "reformas estruturais", eles se limitaram a implementar importantes políticas públicas.

Iniciado em janeiro de 2023, será o governo Lula capaz de, além de implementar políticas públicas que melhorem imediatamente a vida do povo, dar início a reformas que alterem as dinâmicas estruturais do país, ou seja, que afetem a distribuição de propriedade, riqueza e poder? O slogan da candidatura de Lula para presidente em 2022 foi "reconstrução e transformação", mas a ênfase da campanha esteve sempre na "reconstrução"; a política de alianças adotada pela candidatura Lula foi ampla, e mais ampla ainda é a composição do governo e de sua base parlamentar. O inimigo declarado é a extrema direita neofascista, e há sinais de que nem mesmo toda a extrema direita será alvo, como se pode constatar na composição do governo e, mesmo depois de 8 de janeiro, no trato com as Forças Armadas. Por estes e outros motivos, se não houver reviravolta na situação e/ou na condução política, o mais provável é que – do ponto de vista das transformações estruturais – o governo Lula 2023-2026 se mantenha, na melhor das hipóteses, nos mesmos patamares dos governos Lula-Dilma 2003-2016. Afinal, ao partir de uma situação objetiva pior e adotar uma linha política mais moderada, não há por que acreditar que alcançaremos mais longe.

É evidente que o simples fato de tirar Bolsonaro e reconstruir o que foi destruído nos últimos anos provoca uma sensação de alívio que, do ponto de vista político, pode ser subjetivamente superior à do período iniciado em 2003. Mas a polarização contra a extrema direita complica a equação. Afinal, se a derrota do neofascismo exigir mesmo uma "união nacional" e se para participar dessa "união" a direita *gourmet* exigir concessões nossas frente ao neoliberalismo, o resultado pode ser que amplas parcelas do povo, ao não verem mudanças na sua condição de vida, se voltem para a extrema direita. As consequências sociais das políticas neoliberais ajudam o neofascismo a engrossar suas fileiras. Aliás, o neofascismo não teria vencido em 2018 sem a ajuda da direita "normal", STF inclusive. Seja como for, o inimigo segue vivo.

O que fazer? Fingir que o problema não existe? Dar tempo ao tempo? Decretar que o problema é insolúvel? Nenhuma das alternativas. Embora seja de difícil solução prática, o problema que enfrentamos não surgiu agora. E só será resolvido se estivermos dispostos a dar um cavalo de pau no transatlântico chamado Brasil. A questão central, insuficiente em si mesma, mas sem a qual as demais não terão solução a contento, é a reindustrialização de novo tipo.

Em 1980, nosso país estava a caminho de converter-se numa grande potência industrial. Então tivemos a crise da dívida externa, a transição conservadora e os governos dos dois Fernandos neoliberais. Como resultado, o Brasil veio, desde então, se desindustrializando fortemente. Os governos Lula e Dilma manifestaram a disposição de colocar um freio e até de tentar reverter o processo de desindustrialização. Mas aí tivemos o ciclo golpista iniciado no *impeachment* e continuado com Temer e Bolsonaro. De quase potência industrial, viramos potência agroexportadora e minério-exportadora, além de prosseguirmos como paraíso do capital financeiro. Essa "grande transição" – uma ponte para o passado que nos levou à situação similar, mas ainda pior que a que vivíamos na década de 1920 – afetou tudo: mudaram a composição da classe dominante, a composição e as condições de vida da classe trabalhadora e o ambiente político e cultural no Brasil. Foi nesse ambiente que os neoliberais vieram e seguem atuando e chantageando. Foi em reação a esse ambiente que a esquerda encabeçada pelo PT ganhou quatro eleições presidenciais entre 2002 e

2014 e agora venceu novamente. Foi também nesse ambiente que os neofascistas vieram e ainda não foram embora.

Por uma nova "grande transição"

Por tudo isso e muito mais, o principal desafio estratégico do governo Lula é servir de ponto de partida para uma nova "grande transição", desta vez de subpotência agro-minério-exportadora para uma verdadeira potência industrial de novo tipo. Sendo essa a "régua" pela qual deve ser medida nossa política internacional. O governo brasileiro precisa de uma política nacional e internacional que ajude a converter nosso país num dos polos industriais do mundo. Não queremos apenas prestígio diplomático, precisamos de poder real, o que inclui capacidade científica, tecnológica e industrial de novo tipo, ou seja, com uma relação totalmente diferente com a classe trabalhadora e com o meio ambiente.

Contrariando as aparências, o contexto mundial, marcado por uma profunda crise política, econômica e social, é propício a isso. Não por acaso, aliás, nosso ciclo anterior de industrialização teve início na sequência da crise de 1929 e em pleno entreguerras. Quase cem anos depois, o terceiro mandato de Lula tem início em meio a uma situação mundial marcada pelos desdobramentos da crise de 2008, pela pandemia da covid-19, pelo agravamento da situação ambiental, pela ascensão da República Popular da China, pela guerra da Rússia contra Ucrânia e Organização do Tratado do Atlântico Norte (Otan) e, destacadamente, pela tentativa que os Estados Unidos fazem de reverter seu declínio enquanto potência hegemônica. Tudo isso abre uma janela para mudarmos nosso lugar no mundo. Nesse contexto, retomar a política externa altiva e ativa – vigente, com nuances, entre 2003 e 2016 – é positivo e necessário, mas não é suficiente.

É correto enfatizar a integração regional, as relações Sul-Sul, a África, os Brics, a paz e uma nova ordem mundial. Mas é preciso colocar o tema da reindustrialização no centro de nossas preocupações em termos de política externa. Disso decorre a necessidade não apenas de retomar, mas também de mudar, a dinâmica de integração regional, que deve estar assentada na integração produtiva da região, México, Mesoamérica e Caribe, inclusive. A reindustrialização deve ser o fio condutor, também, de nossas relações com África, Oriente Médio e com os Brics, com destaque para a República Popular da China. Existe espaço para mudar significativamente a situação atual, dominada pela exportação de primários, estabelecendo uma sinergia entre o projeto chinês denominado "rota e cinturão" e nossa política de reindustrialização nacional. Evidente que, como disse o economista Paulo Nogueira Batista Jr., o Brasil é grande demais para caber no quintal de alguém[1].

Adotar este objetivo de reindustrialização nacional como pedra de toque da política externa tem duas outras implicações: não dar à Europa o que eles não são capazes de retribuir; e estarmos preparados para enfrentar a reação dos Estados Unidos. A Europa demonstrou, na segunda onda da crise de 2008 e agora na Guerra da Ucrânia, sua submissão aos interesses estratégicos dos Estados Unidos. E, na relação econômica com o Brasil e com a região, a União Europeia insiste em termos contraditórios com nosso objetivo de deixar a atual condição primário-exportadora.

Quanto aos Estados Unidos, estes já demonstraram sua disposição de fazer de tudo – golpes, guerras, cooptação – para sabotar a integração regional latino-americana e caribenha, parte essencial de nosso projeto de reindustrialização. Enquanto isso, nossa reindustrialização necessita dos investimentos chineses, e os Estados Unidos já anunciaram que a China é inimiga estratégica. Portanto, fazer do Brasil um polo mundial entra em choque com as ambições ianques e não conta com apoio europeu. Mais um motivo pelo qual países como Venezuela e Cuba devem ser merecedores de mais que aquilo que alguns de nossos diplomatas geralmente devotam aos Estados Unidos e aos governos do Velho Mundo. É preciso, em particular, que nossa política externa e seus operadores entendam que os Estados Unidos não são uma nação qualquer, mas uma potência imperialista a ser desbancada da posição hegemônica que ainda ocupa, cada vez menos por sua força econômica e cada vez mais por seu poderio militar. No esforço de manter a hegemonia, os Estados Unidos vão recorrer mais e mais à guerra. Por sinal, é óbvia a conexão entre os movimentos que os Estados Unidos fazem na Ucrânia e em Taiwan. Por isso, ao mesmo tempo que devemos nos envolver no esforço diplomático para pôr fim à guerra, é preciso fazer isso da perspectiva de quem busca o fim da Otan e das bases militares estadunidenses em todo o mundo.

Tudo isso nos leva de volta ao início: o Brasil precisa de Forças Armadas preparadas e dispostas a defender a soberania nacional e de uma política externa que lembre sempre que os Estados Unidos são, hoje, o maior problema do mundo e o maior desafio internacional para o Brasil.

---

1 Antonio Biondi e Napoleão de Almeida, "'Brasil é grande demais para ser quintal', diz economista Paulo Nogueira Batista", *Brasil de Fato*, São Paulo, 25 set. 2019. Disponível em: <https://www.brasildefato.com.br/2019/09/25/brasil-e-grande-demais-pra-ser-quintal-analisa-o-economista-paulo-nogueira-batista>; acesso em: 26 jan. 2023.

PEOPLE
WITH PRESIDENT
BOLSONARO
"WAR-AGAINST
COMMUNISM"!
BRASIL

Brasil 2023: margens de golpes e lutas

Alysson Leandro Mascaro

A posse de Lula em seu terceiro mandato presidencial, após vencer Jair Bolsonaro e enfim tomar o poder mesmo sob ameaças de golpe, revela a busca por resgatar imediatamente o padrão político já existente nos anteriores governos petistas. Essa mudança é apresentada com alguma urgência, dado o cenário de retrocesso social promovido e legado pela extrema direita. A tentativa de empreender tal câmbio político se dá agora, entretanto, em um contexto da reprodução social brasileira cada vez mais agudizado e beligerante em sua afirmação e sua demarcação social, institucional e ideológica.

É preciso pensar o momento presente sob a perspectiva do patamar estrutural no qual se estabelece. Em *Crise e golpe*[1], proponho que a forja do Brasil contemporâneo advém mais decisivamente de 1964 que de 1988. A ditadura militar consolidou o arranjo específico da exploração econômica, do controle de classe e dos poderes, de instituições, grupos e aparelhos dominantes do capitalismo brasileiro. A saída da ditadura, simbolizada pela Constituição Federal de 1988, não foi a superação do momento anterior, mas sua continuidade, ainda

---

[1] Alysson Leandro Mascaro, *Crise e golpe* (São Paulo, Boitempo, 2018). (N. E.)

que em outro diapasão. Desde então, assentou-se o limite máximo de mudança: uma parcial distribuição econômica sem atentar contra a acumulação das frações das classes burguesas nacionais e internacionais; inclusões sem destruição dos controles tradicionalmente postos; política necessariamente de conciliação, sem margem expressiva para confronto e luta. Permanecem intocados os poderes políticos, militares e dos aparelhos institucionais. Bloqueada a afirmação das ideias de esquerda e da mobilização das massas, está protegida e intocada também a afirmação da ideologia capitalista.

Nesse quadro de domínio social há tempos estabilizado, o terceiro governo Lula buscará retomar a navegação política pelas margens esquerdas desse mesmo leito do rio da formação social brasileira, forjado em 1964 e parcialmente retificado em 1988. Nos governos eleitos no pós-ditadura – todos neoliberais –, as margens esquerdas da governança brasileira, representadas pelo Partido dos Trabalhadores, configuraram uma política liberal, institucional e sem maiores afirmações de luta e de tensionamento das contradições. Nos dois primeiros mandatos de Lula e nos dois governos de Dilma, ao contrário dos outros desse período – Collor, Itamar, Cardoso, Temer e Bolsonaro –, deu-se um freio nas privatizações, mas não na retomada das empresas privatizadas; ocorreu um maior investimento distributivo a classes e grupos mais vulneráveis, mas não o enfrentamento de classes; houve a abertura à inclusão e às declarações de respeito aos direitos humanos, mas não a possibilidade de afirmação de qualquer luta socialista. De Collor a Bolsonaro, a natural margem do neoliberalismo de direita; de Lula a Dilma e de novo a Lula, a frágil e sempre golpeada margem do neoliberalismo de esquerda.

O que se mantém do golpe (e dos golpes)

Se há décadas é patente que 1964 se perpetuou em 1988, resta indagar o que de 2016 se perpetua hoje. O discurso otimista do liberalismo de direita e de esquerda enxerga, nos últimos anos, vitórias substanciais contra as mazelas golpistas havidas em meados da década de 2010. Tal discurso tem como foco, principalmente, o campo do direito: o lavajatismo parece enterrado; o STF, que por maioria apoiou o golpe de 2016, teve depois papel decisivo no bloqueio de excessos do bolsonarismo. Se assim o é, as instituições estão de novo a salvo, e, então, disso decorreria que o golpe acabou e que as esquerdas e o novo governo de Lula deveriam tomar o período imediatamente anterior como uma infeliz exceção. Mais uma vez, a possibilidade dada e incentivada ao progressismo seria a de compactuar com as instituições, defendê-las e não tensioná-las. O "leninismo" de investir contra o sistema caberia apenas à direita. À esquerda, a defesa da ordem.

De outro padrão é a investigação crítica – concreta e material – sobre o havido em 2016. Se 1964 sobrepuja 1988, então 2016 é mais um efeito necessário do padrão de coesão do domínio político-econômico-institucional-ideológico de 1964 que propriamente uma fissura inesperada ou mesmo remendável de 1988. O golpe de 2016, simbolizado pelo *impeachment* de Dilma Rousseff, representa a reiteração da prevalência das mesmas frações burguesas dominantes do país, rentistas, agrárias e subordinadas relativamente ao imperialismo. O antigetulismo da burguesia brasileira dos meados do século XX, que forjou a ditadura militar, é, com as devidas variações circunstanciais, o mesmo padrão mantido no antipetismo. O arcabouço ideológico, valorativo e cultural é também igual: anticomunismo; educação técnica contra a crítica; religião contra laicismo; conservadorismo contra o progressismo de costumes; meios de comunicação de massa controlados por grupos empresariais de direita. Institucionalmente, o Estado se mantém como arrematado em 1964: em termos jurídicos, combatente das esquerdas e das classes e grupos desfavorecidos e, em termos políticos, domesticado pela cadeia dos negócios capitalistas imediatos. Por fim, o domínio militar: 1988 não subjugou 1964; 2016 desnudou a plena continuidade entre o poder aberto e insubordinável das armas tanto na ditadura quanto na democracia, sem qualquer nome expressivo condenado desde a ditadura até hoje e sem qualquer alteração de rumo na ideologia e na orientação das Forças Armadas como instituição privilegiada de opressão do inimigo interno. De Costa e Silva a Sylvio Frota até chegar a Augusto Heleno, a estrutura do poder militar, conforme a margem de extrema direita dada pela ditadura, se mantém.

Economicamente preservado sob inexorável política neoliberal; ideologicamente subordinado, sem qualquer confronto maiúsculo na batalha das ideias; política e juridicamente refém dos termos institucionais; militarmente subjugado; o Brasil de 2023, do terceiro governo Lula, não venceu 1964 nem 2016: somou um golpe a outro.

A saída do bolsonarismo

O governo bolsonarista e seu desastre histórico só foi possível em razão de uma longa e induzida decantação social que, ao cabo, gerou no país uma suficiente coesão de extrema direita. No século XXI, a politização do povo brasileiro foi e tem sido plenamente de direita. As ideias que se afirmam com orgulho e se massificam por meio de aparelhos ideológicos são conservadoras/reacionárias.

Não houve nem há qualquer fala maiúscula dos governos de esquerda em favor do socialismo, ficando tal reclame adstrito a grupos bastante residuais; só há a afirmação do capitalismo como horizonte político. E o amálgama de tal formação de direita se dá em plena consonância com os específicos interesses da burguesia nacional, latifundiária, financista e regressista na industrialização.

Institucionalmente, o combate à esquerda é também o gozo de vitória das afirmações oportunistas da direita – *impeachment* de Rousseff por "pedalada fiscal", mas blindagem de Temer e Bolsonaro; prisão de Lula mediante teatro jurídico escabroso, mas custos irrisórios aos agentes da operação Lava Jato após a exposição de seus crimes por meio da revelação dos arquivos de suas conversas, a chamada Vaza Jato. O Estado, janela de oportunidades para negócios políticos e criminosos variados, amalgamou de especuladores a desmatadores e milicianos. Militarmente, deu-se plano, logística, ameaça e blindagem a todo o movimento regressista resultante do golpe de 2016. Assim, forjou-se um núcleo social decisivo entre banqueiros, especuladores, fazendeiros, donos de meios de comunicação de massa, militares, juízes, promotores, milicianos e religiosos, grassando também em expressivas parcelas das classes médias e das classes trabalhadoras. Tal coesão derrubou Dilma Rousseff, sustentou Michel Temer, elegeu, idolatrou e blindou Jair Bolsonaro mesmo sob medonha regressão econômica, social e cultural e após centenas de milhares de vítimas mortas pela pandemia.

Foram os efeitos colaterais de tal combinação os responsáveis por permitir algum descolamento parcial da margem política de extrema direita e, adiante, a vitória de Lula. Ainda que se reconheça a contribuição da valorosa resistência de juristas de esquerda – mais concentrados na advocacia –, foi efetivamente com a Vaza Jato que se desmontou a Lava Jato, não com um eventual abrir da consciência jurídica dos tribunais e procuradores. Lula se torna candidato não por uma correção dos rumos do golpe advinda de luta, mas pelos rejeitos inesperados da violenta e ilegal opressão institucional. No entanto, se a política e o direito golpistas amargaram contraditas colaterais, outros setores golpistas que não as sofreram mantiveram-se dominantes e intocados naquilo que é substancial, como os grupos militar e o religioso reacionário.

Dois setores orgânicos ao golpe de 2016 tiveram câmbios relativos que os levaram a uma parcial saída da margem de extrema direita. Alguns meios de comunicação de massa que lideraram a derrubada dos governos do PT sofreram oposições bolsonaristas, sendo a Globo seu mais patente caso, de sorte que, provisoriamente, ao fim das eleições de 2022, pôs-se em instável alinhamento a Lula. No plano internacional, a mudança de governo nos Estados Unidos – de Donald Trump para Joe Biden – desalinhou o acoplamento imediato de

Jair Bolsonaro e da extrema direita brasileira com as frações do poder governamental estadunidense. O golpe brasileiro, submetido ao imperialismo e a ele plenamente acorde no plano implícito e mediato, sofreu o revés no âmbito dos apoios explícitos e imediatos.

E, fornecendo harmônico contraponto à sinfonia dos efeitos colaterais do golpe, as esquerdas. O PT operou os anos de golpe sem vir sistematicamente a público nomeá-lo como tal, sem expressiva mobilização de resistência nem de conscientização social. As lutas foram anunciadas contra os efeitos do golpe – desemprego, inflação, fome, carestia, preço dos combustíveis e do gás –, não contra o golpe em si ou o domínio econômico, político e militar. A deliberada estratégia de não nomeação dos fenômenos políticos havidos fez com que as eleições de 2022 fossem disputadas pela esquerda majoritária em termos despolitizantes, recorrendo a contrastes de qualidade de vida e de consumo como métrica de orientação ao voto – picanha e cerveja dos governos de esquerda contra miséria dos governos de direita. Em contraste, a massa de politizados direta e explicitamente pela direita foi enorme. Ao reclame da direita não se dá contraposição por parte da esquerda que, por ser liberal e antissocialista – em favor da ordem e das instituições do capital –, não encontra linha de discursividade imediata em momentos nos quais sofre golpe.

Por não falar contra a ordem que a persegue, à esquerda restam apenas os afetos do desapontamento, da incompreensão e do sentimento de sua traição pela burguesia e pelas instituições, de sorte que, como proposição de horizontes, há somente a afirmação dos bons efeitos de suas políticas públicas. Assim, 2022 termina com a vitória da esquerda por estreita margem, com a direita expressivamente politizada e mobilizada e com a esquerda ideologicamente despolitizada. Sem armas de luta e de coesão ideológica da sociedade, sobram para a esquerda as eventuais boas entregas de políticas públicas, num cenário de crise econômica neoliberal brasileira e mundial que lhe permite estreito espaço de boas ações a partir do sistema de exploração e acumulação já dado – e que busca manter e defender.

O terceiro governo Lula

A maneira pela qual o PT e as esquerdas majoritárias no plano institucional resistiram ao golpe de 2016 foi também aquela como ganharam as eleições de 2022 e puseram em marcha o início do governo em 2023. Sem politização, sem reclamo expressivo nem afirmação ideológica de esquerda, apostando principalmente na comparação da virtude de seus agentes e das qualidades de suas ações governamentais em face do descalabro da extrema direita, buscando ampliar o arco de alianças para diluir eventuais contradições e conflitos sob uma confluência arbitrada ao centro, o terceiro governo Lula buscou se moldar, fundamentalmente, sob o dístico de uma frente ampla.

A confluência ao centro, mantendo-se tanto pontas de direita liberal quanto de esquerda liberal, desnuda uma estratégia de articulação entre dinâmicas e manutenções. Excluída qualquer hipótese de câmbio estrutural revolucionário da sociedade – a esquerda institucional e governante bloqueia mais uma vez, desde a saída da ditadura, qualquer clamor efetivamente mais à esquerda –, também se pretende eliminar do cenário os resíduos de extrema direita manifestados pelo golpe de 2016, embora não suas causas. A nomeação politicamente mais espantosa do ministério de Lula revela tanto o propósito de contemporização quanto a inviabilidade prática de afirmação institucional progressista mediante a continuidade de tal padrão. José Múcio, escolhido ministro da Defesa para o agrado militar, vê sua deliberada política de não enfrentamento das Forças Armadas se esvair uma semana após a posse, quando eclode a grave crise da intentona golpista que tomou os palácios governamentais de Brasília em 8 de janeiro. No quadro geral do novo governo, o central do domínio burguês se mantém. Políticos, juristas e militares não serão penalizados pelo golpe de 2016, e suas instituições não serão reformadas. Não haverá disputa ideológica substancial contra a direita.

Ministérios vitais ao capital, como o da Agricultura, continuam sob controle direto da burguesia. Os da área econômica são salomonicamente divididos entre posições neoliberais de esquerda e de direita, permitindo decisões e ajustes conforme dinâmicas de disputa, dado não haver diretriz ideológica demarcada; o pragmatismo, não um programa consistente, será a marca da construção da política econômica. Após anos de vitórias fáceis e vícios ainda mais largos à burguesia e aos rentistas, haverá dificuldades substanciais em cambiar a economia da margem direita para a margem esquerda do neoliberalismo. De outro lado, posicionadas já ao centro do terceiro governo Lula, defesas como a do meio ambiente: combate aos desmatamentos, mas não à sua causa, o agronegócio. E à esquerda, então, reservam-se os ministérios diretamente ligados a políticas públicas na área social. Em termos mais abertos de disputa, sem grande medo de contradita conservadora, afirmam-se algumas das lutas institucionais liberais de esquerda – direitos humanos, gênero, raça, povos originários. Tal polarização dos direitos individuais à esquerda permitirá inclusive ao terceiro governo Lula apresentar-se com alguma nitidez progressista em face da comparação com os direitos sociais cuja luta será menos acalentada pelo governo de forma expressiva – a exemplo da não revogação do fundamental das reformas trabalhistas e previdenciárias neoliberais ocorridas com o golpe.

No plano econômico, o governo Lula bloqueia futuras privatizações, embora não as concessões nem os instrumentos de parcerias público-privadas. E, mais decisivamente, não retoma estatais privatizadas nem reconfigura de modo soberano ativos como o petróleo. No nível dos arranjos econômicos, não procederá à reforma agrária, mantendo-se dependente dos humores do agronegócio, com perfil latifundiário reacionário. A industrialização é declarada desejada, mas as políticas utilizadas para tal mudança de padrão econômico burguês são de baixa intensidade, residuais ou mesmo pífias. No plano financeiro, no fundamental, mantêm-se intocados os instrumentos de governança neoliberal e a apropriação do orçamento pela especulação e pelo rentismo. Assim, trata-se de um governo que busca se delinear, se êxito obtiver, pela margem esquerda do neoliberalismo. Mantém o regime de acumulação capitalista pós-fordista, neoliberal. Não expande seu flagelo e, em caso de sucesso, combate alguns de seus efeitos.

É possível que os anos de golpe tenham destruído algumas das ilusões das esquerdas liberais brasileiras. Até 2016, havia, ideologicamente, uma plena sagração do republicanismo e do respeito à legalidade e à imparcialidade e uma neutralidade das instituições por parte das esquerdas governantes – o que chamo de caminho filosófico dos juspositivismos. Por razões de sobrevivência e mínimo realismo político, tal visão tende a ser em parte rompida – direcionando-se incidentalmente aos não juspositivismos e à crítica marxista –, embora as nomeações dos comandantes das Forças Armadas por Lula – que seguem a lista de antiguidade – revelem ainda forte persistência da ideologia jurídica no PT. É verdade que o golpe tende a ser absorvido e processado pelas esquerdas liberais brasileiras com algum grau de crítica a mais que aquela existente até 2016, mas não suficiente a ponto de romper com a própria defesa do capitalismo, do liberalismo e da ordem burguesa. Pacificação e união nacional tendem a ser os imediatos substitutos ideológicos de republicanismo.

Com a posse e o início de governo de Lula, sob contraposições abertas da extrema direita, tem-se agora a sobrepujança quantitativamente maior das águas de um rio em face de outro, no encontro do Negro e Solimões da política brasileira. Esquerda liberal e extrema direita correm lado a lado no curso de uma larga bacia amazônica do espaço político majoritário nacional cujas margens demarcam. O rio da política brasileira da segunda e da terceira décadas do século XXI tem apresentado poucas águas distintas daquela de um sempre golpeado, fraquejado e idealista liberalismo de esquerda e da constante e reavivada lama da extrema direita. Falta à geografia do capitalismo a chuva das lutas socialistas. O curso das distintas águas políticas do Brasil atual, que se encontram e andam em paralelo, é tanto dinâmico quanto estável: seus diferentes rios originais, que brigam entre si, em algum momento se misturam e praticamente não mais se especificam até seu desaguadouro necessário na foz da reprodução do capital.

Sobre os autores

Adriana Moreira Amado
Professora titular da UnB, instituição em que se graduou e fez mestrado em economia. Concluiu o PhD em 1995 no University College London. Foi secretária executiva da Associação Nacional de Centros de Pós-Graduação em Economia e coordenadora da área de economia junto à Capes entre 2014 e 2022.

Alvaro de Azevedo Gonzaga
Indígena da etnia guarani-kaiowá, tem livre-docência em filosofia do direito pela PUC-SP; pós-doutorado em história dos povos indígenas pela UFGD e em direito pela Universidade Clássica de Lisboa e pela Universidade de Coimbra. Coordena a primeira pós-graduação em direito antidiscriminatório do país (Unifipa).

Alysson Leandro Mascaro
Jurista, filósofo do direito e professor da Faculdade de Direito da USP. Doutor e livre-docente em filosofia e teoria geral do direito pela USP. Professor emérito de várias instituições de ensino superior, regeu a Cátedra de Educação Advocatícia da ESA-OAB/SP e dá aulas na Unisa. Tem diversos livros publicados.

Anderson Alves Esteves
Professor do Instituto Federal de Educação, Ciência e Tecnologia de São Paulo (IFSP), doutor em filosofia (PUC-SP), membro do Grupo de Pesquisa em Filosofia Política na PUC-SP (CNPq) e do Grupo de Pesquisa em Educação, Politecnia e Sociedade (IFSP/CNPq).

Armando Boito Júnior
Professor titular de ciência política da Unicamp e editor da revista *Crítica Marxista*. Tem lançados diversos livros, alguns dos quais traduzidos e publicados também no exterior. Foi pesquisador e docente convidado em Paris, Londres, Roma e Berkeley. Integra a Direção Nacional da Consulta Popular.

Breno Altman
Jornalista e fundador do site *Opera Mundi*. Colaborador em vários veículos de comunicação do Brasil e do exterior, foi animador de projetos da imprensa alternativa desde os anos 1980.

Carlos Eduardo Martins
Professor associado do Instituto de Relações Internacionais e Defesa e do Programa de Pós-Graduação em Economia Política Internacional da UFRJ. Doutor em sociologia pela USP e pós-doutor no Giovanni Arrighi Center da Johns Hopkins University.

Cesar Calejon
Jornalista e escritor, mestre em mudança social e participação política pela USP com especialização em relações internacionais pela FGV.

Felipe Labruna
Doutorando, mestre e graduado em direito pela PUC-SP. Bolsista Capes. Especialista em ciência política pela Fesp-SP. Especialista em direito processual civil pela Escola Paulista da Magistratura. Auxilia a docência na faculdade de direito da PUC-SP.

Flávia Braga Vieira
Professora da UFRRJ e coordenadora do programa de extensão universitária Assessoria Técnica e Educacional Meio Ambienta e Barragens.

Francisco Carlos Teixeira da Silva
Professor titular da UFRJ, publicou diversos livros e recebeu o prêmio Abert de Melhor Livro do Ano (2001) e o Jabuti de Melhor Livro de História (2014).

Gabriela Junqueira Calazans
Doutora em medicina preventiva pela USP e pesquisadora pela mesma instituição, já organizou livros e escreveu artigos para vários outros.

Gustavo Marinho
Doutorando e mestre em direito administrativo pela PUC-SP e especialista em direito administrativo e financeiro pela Universidad de Salamanca (Espanha).

João Quartim de Moraes
Professor universitário, formado em filosofia e em direito na USP. Em 1968-1969 participou da resistência clandestina à ditadura militar. Em 1982 fez o Doctorat d'État en Science Politique, Fondation Nationale de Science Politique de Paris. Na Unicamp, tornou-se professor titular por concurso em 1993. Publicou vários livros e muitíssimos artigos no Brasil e na Europa. É pesquisador do CNPq.

Juliana Paula Magalhães
Doutora em filosofia e teoria geral do direito pela Faculdade de Direito da USP. Atua como professora e já publicou diversos livros.

Leonardo Attuch
Jornalista, escritor e fundador do site *Brasil 247* e da TV 247.

Luis Felipe Miguel
Professor titular de ciência política na UnB, onde coordena o grupo de pesquisa sobre Democracia e Desigualdades (Demodê). É pesquisador do CNPq e já publicou vários livros.

Luiz Felipe Osório
Doutor em economia política internacional pela UFRJ. Na UFRRJ, é professor de relações internacionais e do programa de pós-graduação de ciências sociais em desenvolvimento, agricultura e sociedade, além de autor de livros.

Luiz Gonzaga de Mello Belluzzo
Professor do Instituto de Economia da Unicamp, foi secretário de política econômica do Ministério da Fazenda e de Ciência e Tecnologia do Estado de São Paulo. Fundador da Facamp e ex-conselheiro da Fapesp, é sócio da *Carta Capital*. Em 2001 foi incluído entre os cem maiores economistas heterodoxos do século XX no *Biographical Dictionary of Dissenting Economists* e, em 2005, recebeu o Prêmio Intelectual do Ano (Juca Pato). Doutor *honoris causa*, pela UFG.

Maria de Lourdes Rollemberg Mollo
Formada em economia pela UnB (1973), fez o mestrado na mesma instituição (1977) e o doutorado em Monnaie, Finance et Banques – Université de Paris X, Nanterre (1989). É professora titular da UnB.

Maria Lygia Quartim de Moraes
Doutora em ciência política pela USP (1982), em 2004 tornou-se professora titular de sociologia na Unicamp, onde atualmente é professora colaboradora na pós-graduação em sociologia do Instituto de Filosofia e Ciências Humanas. Publicou livros, capítulos e artigos no país e no exterior e é pesquisadora do CNPq.

Milton Pinheiro
Cientista político, professor titular de história política do programa de pós-graduação da Uneb, é autor e organizador de uma dezena de livros.

Rafael Valim
Doutor e mestre em direito administrativo pela PUC-SP, dá aulas University of Manchester, na Université Le Havre Normandie, na Universidad Panamericana (México) e na Universidad de Comahue (Argentina). Membro do Instituto Internacional de Derecho Administrativo, do Foro Iberoamericano de Derecho Administrativo e do Instituto Brasileiro de Direito Administrativo.

Regina Facchini
Mestre em antropologia social e doutora em ciências sociais (Unicamp), pesquisadora do Núcleo de Estudos de Gênero Pagu e docente da pós-graduação em antropologia social e ciências sociais (Unicamp), coordenadora do Comitê Gênero e Sexualidade da Associação Brasileira de Antropologia e pesquisadora 1-D do CNPq. Autora de vários livros.

Ricardo Musse
Professor do departamento de sociologia da USP. Doutor em filosofia e livre-docente em sociologia pela mesma universidade, tem alguns livros publicados.

Sérgio Pereira Leite
Professor titular do programa de pós-graduação de Ciências Sociais em Desenvolvimento, Agricultura e Sociedade da UFRRJ. Pesquisador do CNPq e da Faperj.

Silvio Luiz de Almeida
Ministro de Estado dos Direitos Humanos e da Cidadania. Doutor em direito pelo departamento de filosofia e teoria geral do direito da USP, concluiu o pós-doutoramento pela mesma instituição e dá aulas na pós-graduação *stricto sensu* em direito político e econômico na Universidade Presbiteriana Mackenzie e na FGV. Diretor do Instituto Luiz Gama.

Sofia Manzano
Economista, professora da UESB, doutora em história econômica pela USP, mestre em desenvolvimento econômico pela Unicamp e autora.

Valter Pomar
Foi diretor da revista *Teoria e Debate* e do *Linha Direta* e trabalhou no jornal *Brasil Agora*. Foi assessor de David Capistrano na Prefeitura de Santos e secretário de Cultura, Esportes e Turismo em Campinas. Professor da Universidade Federal do ABC, é diretor da Fundação Perseu Abramo.

William Martins Conceição
Técnico em produção audiovisual pela Etec Jornalista Roberto Marinho e fotógrafo pelo Senac Largo XXIII. Seus projetos têm caráter social e pretendem gerar incômodo e suscitar reflexões sobre a realidade.

Wikimedia Commons/Governo do estado de São Paulo

Buscas em área atingida na Vila Sahy, 22 fev. 2023.

Este livro foi lançado um mês após a tragédia [anunciada] no litoral norte de São Paulo, que vitimou dezenas de moradores da região. O temporal pode ter sido o mais intenso já registrado, mas a situação crítica de moradia da população local, que com a especulação imobiliária se viu obrigada a subir cada vez mais o morro, era comentada havia décadas, e sabe-se que investimentos em infraestrutura não foram feitos como deveriam. Composto em Adobe Garamond Pro, corpo 11/13,3, foi impresso em papel Pólen Natural 70 g/m² pela gráfica Rettec, para a Boitempo, com tiragem de 3 mil exemplares.